Jornalismo comunitário

CÓPIA NÃO AUTORIZADA É CRIME
ABDR
ASSOCIAÇÃO BRASILEIRA DE DIREITOS REPROGRÁFICOS
RESPEITE O DIREITO AUTORAL

Jornalismo comunitário

Alexandra Gonsalez

Montagem de capa e diagramação
Gustavo S. Vilas Boas

Coordenação de textos
Luciana Pinsky

Preparação de textos
Lilian Aquino

Revisão
Bia Mendes

Dados Internacionais de Catalogação na Publicação (CIP)

Gonsalez, Alexandra
Jornalismo comunitário / Alexandra Gonsalez. — São Paulo :
Contexto, 2022.
128 p. : il.

Bibliografia
ISBN 978-65-5541-206-2

1. Jornalismo 2. Comunidade I. Título

22-4087 CDD 070.4

Angélica Ilacqua – Bibliotecária – CRB-8/7057

Índice para catálogo sistemático:
1. Jornalismo

2022

EDITORA CONTEXTO
Diretor editorial: *Jaime Pinsky*

Rua Dr. José Elias, 520 – Alto da Lapa
05083-030 – São Paulo – SP
PABX: (11) 3832 5838
contexto@editoracontexto.com.br
www.editoracontexto.com.br

Sumário

Introdução

"Todo dia, a partir do mais caseiro espaço de que dispomos até as crescentes grandes manifestações, é fundamental exercer esse supremo dom humano de comunicar com verdade, compreensão e solidariedade. Nos comunicar para nos conhecer. Nos comunicar para nos acolher. Nos comunicar para juntos nos salvar."

Pedro Casaldáliga, bispo católico.
Nascido na Catalunha, Espanha, ele se mudou para o Brasil em 1968 e foi uma referência na luta pelos direitos humanos

"Eu quero mudar o mundo!"

Pergunte a qualquer professor ou professora de Jornalismo qual é a frase mais citada pelos estudantes no primeiro dia de aula, do primeiro ano do curso. Quando questionados sobre o motivo de escolher a carreira jornalística, 9 entre 10 alunos costumam responder que optaram por essa profissão pelo desejo de mudar o mundo, de fazer diferença na sociedade. Uma aspiração louvável, especialmente porque o Jornalismo tem uma relação intrínseca com a promoção da cidadania, da democracia e do direito à informação.

Pois bem, exercer esse ofício por meio da comunicação comunitária é uma boa maneira de conquistar o objetivo de mudar, se não o mundo, pelo menos um recorte da sociedade que costuma ficar à margem de serviços públicos de qualidade, de segurança e também de informação. A maneira de fazer isso é trabalhando em algumas das diversas vertentes da comunicação comunitária: jornalismo cidadão, educomunicação, veículos independentes, organizações não governamentais (ONGs) e projetos que privilegiam a transformação social por meio da comunicação.

Em muitas dessas iniciativas, as funções jornalísticas são exercidas por leigos – daí a importância de aprender sobre o tema deste livro para agregar conhecimento durante a participação em projetos comunitários, seja atuando como jornalista, na linha de frente das produções de conteúdo ou como educomunicador, ensinando técnicas jornalísticas aos membros de uma comunidade. Afinal, a premissa básica da comunicação comunitária é uma comunicação feita pela comunidade e para a comunidade.

Vale lembrar que o papel do jornalista é o de tornar público o que é de interesse da população – de toda ela, e não apenas de um recorte da sociedade que consome produtos jornalísticos da mídia tradicional. Por isso, convém ao jornalista comunitário ter senso crítico e responsabilidade social, mantendo-se próximo à comunidade na qual trabalha, conhecendo suas necessidades e valorizando seus saberes e cultura, como veremos nos capítulos a seguir.

ACESSO À INFORMAÇÃO NÃO SIGNIFICA COMPREENSÃO DA INFORMAÇÃO

Ler jornais, revistas, reportagens em sites informativos. Assistir ao noticiário na TV ou no YouTube, ouvir as notícias no rádio, acompanhar os alertas de informações no celular, diretamente ligado às nossas páginas e canais favoritos dos meios de comunicação. Para muita gente essa parece uma rotina normal de acesso às notícias e ao jornalismo. Entretanto, nos países da América Latina, assim como ocorre no Brasil, há um grande vácuo entre o acesso à informação, a qualidade das notícias veiculadas e ao tipo de comunicação oferecida entre as discrepantes faixas sociais das populações.

Apesar das desigualdades de renda e de qualidade de vida, em tempos de comunicação imediata em um mundo cada vez mais digitalizado, nos parece surreal que alguém não tenha acesso à internet, às redes sociais e aos aplicativos de mensagens instantâneas – um universo virtual que se tornou viciante. Aliás, já existe até nome (e tratamento) para esse vício bastante contemporâneo: a nomofobia, medo irracional de ficar incomunicável pela falta do celular, a principal ferramenta de conexão com a web. No mundo, o Brasil ocupa a 3ª colocação num ranking que mostra o tempo diário que os internautas passam conectados à internet, de acordo com a pesquisa *We Are Social 2022*, em parceria com a Hootsuite. Os brasileiros ficam diariamente on-line por 10 horas e 19 minutos, apenas alguns minutos atrás da África do Sul e das Filipinas, respectivamente. Ainda assim, milhões de pessoas permanecem sem conexão.

A Pesquisa Nacional por Amostra de Domicílios Contínua – Tecnologia da Informação e Comunicação, a Pnad TIC, divulgada pelo Instituto Brasileiro de Geografia e Estatística (IBGE) em 2021, mostra que 82,7% dos domicílios brasileiros têm acesso à internet – um crescimento de 3,6% em relação ao estudo anterior, feito em 2019. Entretanto, a mesma pesquisa mostrou que 40 milhões de brasileiros estão fora das redes – fato que ficou escancarado com a dificuldade da população em ter aulas e trabalhar on-line durante o isolamento social nos anos de pandemia da covid-19. Até mesmo para fazer o cadastro de inscrição para recebimento do auxílio emergencial do governo era preciso ter internet, uma vez que o acesso ao benefício deveria ser realizado por meio do site do banco ou de seu aplicativo no celular.

O estudo da Pnad TIC apontou que no ano de 2019 não havia internet em 12,6 milhões domicílios do Brasil devido à falta de interesse (32,9%), ao serviço de acesso ser considerado caro (26,2%) ou por nenhum morador saber usar a rede (25,7%). Em outras 6,8% das residências, as pessoas responderam que não havia disponibilidade de conexão na área onde viviam e 5% alegaram o alto custo do equipamento eletrônico para acessar o sistema. Dentre os brasileiros com acesso à internet, a pesquisa mostrou que enviar ou receber mensagens de texto, voz ou imagem por aplicativos é a principal finalidade para o uso da internet (95,7%). A comunicação por ligações de voz ou vídeo ficou em segundo lugar (91,2%), seguida por assistir a vídeos, filmes e séries (88,4%) e enviar ou receber e-mails (61,5%).

Esses números não significam exatamente que as pessoas conectadas à internet acessem conteúdos jornalísticos ou sequer estejam bem informadas. Mesmo porque a maioria das notícias veiculadas pela mídia tradicional e reproduzidas em seus respectivos sites ou canais passa ao largo da região, dos problemas e dos interesses imediatos de boa parte da população que vive nas periferias, em áreas rurais afastadas dos centros urbanos ou fora do eixo de público-alvo dos grandes grupos de comunicação. Um exemplo: será que os graves problemas de desmatamento recorde na Amazônia, e seus efeitos devastadores nas mudanças climáticas, têm o poder de causar grande impacto entre os moradores de áreas periféricas das grandes metrópoles brasileiras? Ou da Cidade do México, ou de Bogotá?

E o que dizer da recepção dessa notícia entre os imigrantes haitianos, sírios ou venezuelanos recém-chegados ao Brasil? Talvez exista alguma empatia em relação ao que acontece na floresta amazônica, mas diante de questões mais palpáveis e urgentes, como desemprego, enchentes, xenofobia, dificuldades para obter alimento e moradia, é provável que esse tipo de notícia não provoque grande comoção, ou até mesmo interesse.

Questões sobre o aquecimento global, o aumento de preço do barril de petróleo, a guerra na Ucrânia ou o que ocorre no Afeganistão com a volta do Talibã ao poder, em 2021, são temas bastante pertinentes na atualidade. E que, de uma maneira ou de outra, afetam a economia mundial, a democracia e, em última análise, a vida cotidiana de todos nós. Há um descolamento de vivências, realidades e de identidades diante das pautas das empresas de comunicação de massa e dos problemas mais imediatos de comunidades marginalizadas, normalmente pouco consideradas dentro da sociedade civil – seja uma favela, sejam imigrantes refugiados ou moradores de um assentamento de terras.

Fenômeno idêntico pode acontecer com qualquer pessoa que consuma produtos de comunicação: lemos o jornal A ou B; acompanhamos os sites ou canais de notícias C ou D; assistimos aos telejornais Y ou Z por identificação com o tipo de notícia veiculada e a maneira como essas reportagens são feitas. Por outro lado, se não nos vemos representados nas produções jornalísticas, não compreendemos o significado daquelas notícias ou não nos identificamos com os temas abordados, simplesmente não consumiremos mais aqueles canais de comunicação.

Esse afastamento, ainda que involuntário, pode implicar a falta de acesso total a informações jornalísticas de qualidade, deixando uma parcela da população sem saber o que acontece na cidade, no país, no mundo. E mais vulnerável e exposta às *fake news*, fartamente distribuídas e compartilhadas nas redes sociais. Somem-se as dificuldades de acesso e de interesse jornalístico à falta de representatividade nas notícias – ou uma representatividade quase exclusivamente pejorativa em relação a quem é preto, pardo e pobre – e temos um contingente enorme de pessoas completamente desassistidas do ponto de vista comunicacional em seus problemas, realidades e locais de fala. E essa realidade não é recente.

IMPRENSA, EDUCAÇÃO, COMUNICAÇÃO DE MASSA

Pode-se dizer que a origem da modernização do Brasil começa a ser definida a partir da criação das universidades, dos centros educacionais e também da imprensa – devidamente controlada pelos portugueses. Naquela época, o interesse em investir na educação era quase exclusivamente focado na instrução de funcionários para ocupar alguns cargos burocráticos na sociedade colonizada. A primeira escola foi construída por padres jesuítas em Salvador, na Bahia, em 1549 – em 1554 eles abriram a segunda escola, em São Paulo, mesma data de fundação da cidade. Em 1792, foi criada a Real Academia de

Artilharia, Fortificação e Desenho, que, com o tempo, agregou outras especialidades e acabou se tornando a Escola Politécnica do Rio de Janeiro.

Já a imprensa desembarcou oficialmente em território nacional no ano de 1808, com a transferência da Coroa portuguesa para o Rio de Janeiro, quando o rei D. João VI trouxe os primeiros livros e uma máquina tipográfica para a impressão de documentos e textos. Lançada a 10 de setembro de 1808, a *Gazeta do Rio de Janeiro* foi o primeiro jornal brasileiro, além de ser o órgão oficial de comunicação do governo português.

No mesmo ano da chegada da família real ao Brasil, Hipólito José da Costa editou o primeiro jornal de oposição ao domínio português, o *Correio Braziliense*, impresso na Inglaterra – não lhe foi permitido fazer isso aqui porque havia censura. Aplicava-se a primeira Lei de Imprensa Portuguesa, de 12 de julho de 1821, executada na Bahia. A lei tinha por objetivo conter "os excessos da imprensa na livre manifestação de pensamento e de opinião". O periódico independente circulou por 14 anos, em edições mensais, e Hipólito era o único repórter, editor e também redator – em 2000, ele foi declarado Patrono da Imprensa Brasileira por decreto presidencial. Na década de 1840, surgiria no país a imprensa social de caráter político com o jornal *O Socialista da Província do Rio de Janeiro*, editado de 1845 a 1847, em Niterói.

Até 1900, eram então publicados 64 tipos de periódicos no Brasil e, em meados do século XIX, o jornalismo já era uma prática comum em toda a América Latina, dando início à imprensa produzida de maneira industrial. As pequenas tipografias de produção artesanal cedem espaço às grandes empresas jornalísticas, estruturadas com equipamentos gráficos modernos que permitiam uma produção diária em grande volume, além de mecanismos organizados de vendas e distribuição. Nesse período, o jornal como empreendimento individual desaparece das grandes cidades, ficando relegado ao contexto alternativo, de produção imigrante ou sindical.

E, desde que os primeiros jornais começaram a circular periodicamente, a comunicação de massa tem sido pensada e produzida por e para as parcelas mais abastadas da população – gente alfabetizada, com acesso intelectual e material aos produtos impressos. Mas quem lia essas publicações nas nações colonizadas, com a maioria dos cidadãos analfabeta e/ou escravizada? Qual era o conteúdo dessas reportagens? Elas atuavam a serviço de quais interesses? Certamente não era uma imprensa acessível a muita gente – sem saber ler, nem escrever, era difícil ver a utilidade da imprensa e dos livros.

Entretanto, com o crescimento dos países latinos e dos movimentos de independência, era preciso mudar essa realidade, até para garantir a mão de obra necessária para abastecer as florescentes sociedades burguesas do final do século XIX. No México e no Brasil, a implementação das primeiras políticas educacionais e culturais se tornou necessária em princípios do século XX, com o objetivo de integrar esses países em uma nova ordem das relações internacionais, com a ampliação do comércio de bens. A partir dos anos 1930, o recém-criado Ministério dos Negócios da Educação e Saúde Pública do Brasil começou a empreender políticas articuladas de fomento educacional, propondo um sistema escolar público, gratuito e obrigatório.

Um sistema educacional uniformizado colaborava para integrar a população em uma dinâmica que ia ao encontro da crescente indústria cultural, representada pelas empresas de jornais e revistas e expandida com o rádio e o cinema. De acordo com o colombiano Jesús Martín-Barbero (1937-2021), pesquisador da comunicação e cultura na América Latina, o trajeto de consolidação das nações junto aos meios de comunicação de massas ocorreu ao longo do século XX. Para ele, os veículos de comunicação de largo alcance, como o rádio, tornaram-se porta-vozes de um Estado que devia alcançar as multidões, sem a necessidade da alfabetização ou grandes investimentos em educação.

Naquela época, o sentimento nacional de pertença, de identidade, era completamente pulverizado entre os diferentes povos e países latinos, que não tinham uma tradição cultural uniformizada. Além disso, as elites dominantes, de origem europeia, desprezavam as tradições dos povos originários e apropriavam-se de ideias culturais e costumes sociais importados da Europa. O rádio, então, teve esse papel de "cola", oferecendo uma primeira vivência cotidiana de nação para pessoas que viviam em regiões e províncias distantes das capitais, levando informação e entretenimento, especialmente a música.

Como jornais e revistas ainda eram restritos a uma parcela da população letrada, coube ao rádio a função de prover uma modalidade de representação para as massas desde a primeira transmissão radiofônica no Brasil, por ocasião do centenário da Independência, em 1922. Essa experiência foi reproduzida pela televisão e, posteriormente, pela internet, tendo os grupos tradicionais de comunicação frequentemente dominando as mídias. A prática sempre causou um afunilamento das visões compartilhadas pela grande imprensa, reduzindo, assim, a gama de informações obtidas pela população sobre a sua comunidade, seus interesses, problemas e o ambiente ao seu redor. O espelho para todos sempre foi o das classes dominantes.

Esse ciclo provavelmente se repetiria num *looping* infinito se não fossem as várias propostas da comunicação comunitária, que levaram – e ainda levam – informação, educação, cultura e transformação social para comunidades e pessoas fora do circuito da mídia hegemônica usando as técnicas do jornalismo e os mesmos tipos de veículos da imprensa convencional: impresso, rádio, TV e internet, em suas inúmeras possibilidades.

Os veículos de comunicação tradicionais podem ter um apelo popular, levar popular no nome, ou ser chamado de "comunitário", "voltado para a comunidade", mas de fato não o são. A comunicação comunitária, em qualquer uma de suas vertentes, se utiliza de linguagens para levar conhecimento e informação que atendam aos interesses de comunidades, cujas pautas, na maioria das vezes, costumam ficar invisíveis para a grande imprensa. Além disso, na mídia convencional não há participação da comunidade na produção das notícias – normalmente essas pessoas entram nas reportagens apenas como personagens, não como parte da produção da notícia. A grande diferença é que na comunicação comunitária as pessoas têm suas histórias, sua cultura, seus problemas e seus valores representados por meio de produtos comunicacionais feitos por elas e para elas. Como esse caminho vem se desenvolvendo no Brasil e em outros países da América Latina é o que veremos neste livro.

O que é comunidade

Antes de discutir comunicação comunitária, primeiro é preciso compreender o que é comunidade. Uma palavra de cinco sílabas que costumamos ouvir bastante na cobertura jornalística brasileira em pelo menos três situações: Carnaval (comunidade do Salgueiro, Mangueira, Rosas de Ouro); menção a algum acontecimento em favelas (comunidade de Heliópolis, Rocinha, Morro das Pedras); manifestações e movimentos sociais relacionados a grupos específicos (comunidade LGBTQIAP+, MST, ribeirinha).

Mas o que é, de fato, uma comunidade? Como ela se forma e se define? Resumidamente, comunidade não é apenas um conglomerado de pessoas que vivem juntas em um lugar específico e/ou lutam pelos mesmos objetivos. Comunidade envolve questões de identidade, pertencimento, vínculos e conexões sociais, como um bairro formado por imigrantes de uma determinada nacionalidade, moradores de favelas e periferias, integrantes de projetos sociais, membros de uma religião, estudantes universitários conectados intelectual e socialmente no ambiente acadêmico.

Para o sociólogo e pesquisador espanhol Manuel Castells, um agrupamento de pessoas se transforma em comunidade quando há um processo de mobilização social. Isto é, as pessoas precisam participar de movimentos urbanos (não exatamente revolucionários), pelos quais são revelados e defendidos os interesses em comum, e a vida, então, é compartilhada com novos significados.

UMA PALAVRA, MÚLTIPLAS DEFINIÇÕES

Definir o que é comunidade, um conceito sempre em transformação, ocupa a mente de filósofos e pesquisadores desde a Grécia antiga. O grego Aristóteles (384-322 a.C.), um dos principais pensadores que influenciaram a formação da cultura ocidental, já definia o ser humano como alguém que realiza os seus mais altos fins na relação indissociável com a comunidade (*pólis*) na efetivação de um bem comum. Nessa tendência natural de viver em sociedade, as pessoas realizariam o próprio bem. Aristóteles imaginava a comunidade como um agrupamento composto de indivíduos com ideias independentes, que definiriam o que seria um bem comum a todos para obter uma vida harmoniosa. Viver em sociedade, em uma matriz comunitária, seria a finalidade do ser humano.

Ao longo dos séculos o estudo desse tema tem atraído diversos pesquisadores, todos com diferentes definições sobre o que seria uma comunidade, bem como suas características, para o bem e para o mal. O sociólogo alemão Ferdinand Tönnies

(1855-1936) se tornou referência quando propôs a diferenciação entre *comunidade* (Gemeinschaft) e *sociedade* (Gessellschaft) na obra *Comunidade e sociedade*, publicada originalmente em 1887 e transformada em *best-seller* a partir da segunda edição, em 1912, com suas teorias sendo citadas até hoje.

No livro, o sociólogo descreve a comunidade como um lugar onde "a vida comum, duradoura e autêntica" se desenvolve baseada nos laços de família e de amizade. Seu conceito para comunidade é o antigo, o estável, um organismo vivo que funciona em harmonia com todos os seus membros – pessoas que se entendem e se estimam, convivem e permanecem juntas, ordenando um cotidiano comum. Por sua vez, a sociedade é um organismo público, o mundo, o novo, cujo funcionamento interno acontece a partir da artificialidade das coisas. A sociedade, para ele, é um espaço onde os seres humanos constroem círculos de convívio, como na comunidade, e até vivem em paz; no entanto, não estão essencialmente unidos. Apesar de a sociedade possuir inúmeros componentes artificiais de união, as pessoas ali permanecem separadas.

Tönnies descreve três tipos de comunidades: a de sangue (parentesco), de lugar (vizinhança) e de espírito (amizade). Elas estão entrelaçadas tanto no tempo como no espaço, e participam de um mesmo plano de convivência que agrega valores voltados para a segurança do grupo e para a vida familiar. Contudo, embora sigam presentes no desenvolvimento da sociabilidade urbana e industrializada, o sociólogo reconheceu que as práticas dessa comunidade idílica eram fragmentadas e fracas, carecendo de vários elementos para abarcar todas as características de uma sociedade complexa e industrializada.

Suas teorias incentivaram os estudos sobre o tema, mas receberam duras críticas, especialmente sobre a maneira com a qual ele atribuía perfeição à comunidade, sem levar em conta diversas premissas que não sustentariam o funcionamento perfeito de nenhuma sociedade, com indivíduos e situações que escapam das características dos três tipos de sociedade elencados por Tönnies. Sociedades humanas são ricas, complexas e repletas de elementos desagregadores, assim como as diversas comunidades que as formam. Ao longo da história da humanidade, diversos tipos de comunidades tiveram tristes desfechos. Um exemplo é o Templo do Povo, uma comunidade formada por fanáticos religiosos, seguidores do pastor americano Jim Jones, responsável pelo suicídio coletivo mais famoso da história. Em 1978, mais de 900 adeptos de sua seita morreram ao ingerir uma mistura de suco de uva com cianureto, um veneno rápido e potente. O massacre aconteceu em Jonestown, uma aldeia no meio da selva tropical na Guiana, para onde o líder fundamentalista pentecostal levou seus fiéis – entre eles crianças e bebês, os primeiros a morrer pelas mãos dos próprios pais. Os que se recusaram a beber o líquido envenenado foram assassinados a tiros. Jones também morreu.

Dez características que identificam uma comunidade

Ao longo da primeira metade do século XX mais correntes de pensamento sobre a definição de comunidade foram surgindo. O sociólogo escocês Robert Morrison MacIver e o americano Charles Page pregavam que a comunidade existe desde que os membros de qualquer grupo, pequeno ou grande, vivam juntos de tal modo que partilhem das condições básicas de uma vida em comum, mas não necessariamente tenham os mesmos interesses.

Segundo MacIver e Page, o que caracteriza uma comunidade é quando a vida de alguém pode ser totalmente vivida dentro dela. Ora, não se pode viver o tempo todo dentro de uma escola de samba, de uma igreja ou de uma empresa; mas pode-se viver inteiramente dentro de uma tribo indígena, em um bairro da periferia ou em uma comunidade cigana. Portanto, a regra básica da comunidade seria que todas as relações sociais de uma pessoa pudessem ser encontradas dentro daquele espaço específico de vivência.

Parece confuso e contraditório? Calma. Para facilitar, há vários elementos que podem definir a existência de uma comunidade, embora não necessariamente todas as características devam aparecer simultaneamente em toda e qualquer comunidade:

1. estilo de vida em comum;
2. autossuficiência – todas as relações sociais são experimentadas dentro da comunidade;
3. mesma cultura;
4. mesmo idioma;
5. objetivos comuns;
6. identidade entre seus membros;
7. sentimento de pertencimento a uma nação, ideologia, religião, cultura;
8. participação ativa de seus integrantes;
9. local territorial – compartilhar tanto um modo de vida quanto um espaço físico em comum;
10. forte laço de solidariedade entre seus membros.

COMUNIDADE: UMA QUESTÃO DE IDENTIDADE E PERTENCIMENTO

Em uma perspectiva mais atual, o sociólogo polonês Zygmunt Bauman (1925-2017) considera a formação da comunidade levando em conta a contextualização histórica da constituição do capitalismo e as tentativas do ser humano de aproximar-se de um lugar seguro, onde exista um sentimento de pertença e de acolhimento. Bauman ficou famoso por teorizar sobre a modernidade líquida, característica do mundo pós-globalização, em que a fluidez da tecnologia digital também define as identidades e as relações sociais como aspectos formadores da comunidade.

Para o sociólogo, a palavra "comunidade" sugere uma sensação boa, quentinha e aconchegante, até prazerosa. É afortunado quem tem uma comunidade, ou está inserido em uma. Nesse espaço, é possível relaxar porque estamos seguros, "não há perigos ocultos em cantos escuros e podemos contar com a boa vontade dos outros". Quem faz parte de uma comunidade está "dentro". Já se alguma coisa dá errado na vida, a culpa é da sociedade, injusta, violenta, perigosa e traiçoeira. Na sociedade precisamos estar sempre atentos ao "outro", estranhos que podem nos prejudicar, magoar, ferir, empurrar para o abismo. É o estar "fora".

Bauman, ele mesmo um "outro", refugiado na Inglaterra e perseguido por sua condição de judeu-comunista em seu país natal antes, durante e após a Segunda Guerra Mundial, não nutria ilusões sobre a existência desse lugar aprazível e fictício – um paraíso perdido que está sempre no futuro, quando conseguiremos construir essa comunidade idílica imaginada. Num mundo líquido marcado pelo esgarçamento do tecido social e pelo declínio das agências efetivas de ação coletiva, Bauman dizia que a comunidade sobrevivia apenas como entidade imaginária, incapaz de se materializar como realidade concreta. Afinal, até mesmo quem vive em um luxuoso condomínio fechado, habitado por semelhantes em uma comunidade restrita e segura atrás dos muros, uma hora precisa sair e encarar o mundo real – onde há liberdade e atrativos mil, mas não segurança.

É um pensamento ingênuo acreditar na total proteção e acolhimento de uma instituição governamental sem a exigência de nenhuma contrapartida ou consequências. No momento em que abrimos mão da nossa liberdade, autonomia, autocrítica e identidade pela proteção, segurança e o privilégio de viver "em comunidade", assinamos um documento em branco para aqueles que nos fazem essas promessas.

A base da comunidade seria, então, o ato de partilha, um local de união, ajuda mútua e cooperação, características ainda encontradas em comunidades mais fechadas, ou menores, como entre os imigrantes que se auxiliam pela questão do pertencimento a um grupo étnico ou religioso. Vários pesquisadores também afirmam que a comunidade idealizada, cooperativa e unida é passível de existência, mas apenas em grupos reservados e durante um espaço de tempo limitado. Um exemplo dessa premissa é o que aconteceu na favela de Paraisópolis, em São Paulo, durante a pandemia de covid-19, em 2020. Os moradores se organizaram para contratar médicos e ambulâncias particulares, que ficavam 24 horas à disposição da população, uma vez que o serviço público de emergência não acessa o local.

A mobilização em Paraisópolis, uma comunidade com mais de 100 mil habitantes, surgiu diante da falta de políticas públicas específicas para socorrer os moradores das favelas na capital paulista durante a pandemia. A ação de combate ao coronavírus, que também envolveu a distribuição de marmitas e cestas básicas para os vizinhos desempregados, foi organizada pela associação União de Moradores, juntamente com a Associação das Mulheres de Paraisópolis e o G10 das Favelas, instituição que reúne líderes de dez grandes favelas no Brasil. Essa operação durou quase um ano.

QUANDO A IDENTIDADE TOMA O LUGAR DA COMUNIDADE

Quem se muda para um país estrangeiro leva consigo uma identidade cultural indissociável. Ao chegar, o imigrante ainda é quem sempre foi, com seus valores, religião, idioma, hábitos de se vestir, comer e agir. Quando o local de destino é uma nação totalmente diferente em cultura, língua e costumes, maior é a necessidade de integrar uma comunidade de imigrantes. Isso acontece porque, durante o processo migratório, as pessoas normalmente recorrem a um grupo identitário para manter suas raízes, um lugar onde encontram conforto e o sentimento de pertença diante de uma sociedade distinta daquela de origem.

Ao mesmo tempo, é preciso aprender sobre o novo país, formar outros vínculos sociais e construir uma vida diferente. E estar inserido nessa comunidade fechada, mas de hábitos conhecidos e cômodos, pode tirar a liberdade para conhecer outras rotinas, envolver-se emocionalmente com os locais, praticar uma religião distinta ou buscar emprego em um ramo que não seja tradicional daquele grupo. Há o medo de estar "fora", de ser "o outro" na busca por essa nova identidade.

O sociólogo britânico William Stewart 'Jock' Young afirmava que quando a comunidade entra em colapso, a identidade é inventada. Isso ocorre mesmo entre grupos identitários, como os dos imigrantes, onde o "círculo do aconchego" também tende a chegar ao fim: "Uma vida dedicada à procura da identidade é cheia de som e de fúria", afirmou sabiamente Bauman. Para o polonês, a tensão entre a segurança e a liberdade e, portanto, entre a comunidade e a individualidade, provavelmente nunca será resolvida, pois a construção da identidade é um processo sem fim e para sempre incompleto.

Por sua vez, um dos grandes estudiosos da questão identitária, o teórico cultural e sociólogo britânico-jamaicano Stuart Hall (1932-2014), acreditava que para compreendermos como as identidades funcionam seria preciso conceituá-las e dividi-las em suas diferentes dimensões a partir da observação dos sistemas classificatórios que mostram como as relações sociais estão organizadas, normalmente em lados opostos e rivais: nós x eles; esquerda x direita; Flamengo x Fluminense; crentes x ateus; e por aí vai.

Com frequência, a definição de identidade envolve questões sobre pertença: quem pertence e quem não pertence a um determinado grupo identitário, nos quais a identidade é vista como fixa e imutável. Segundo Hall, elas são, na verdade, relacionais. Essas dúvidas ficaram ainda mais complexas na Era da Informação, após a internet e a revolução tecnológica entrar em nossas vidas.

COMUNIDADES VIRTUAIS E AS REDES SOCIAIS

Se em um passado não muito distante a comunidade precisava de um lugar fixo para se estabelecer, tendo a solidariedade, a vizinhança e o parentesco como características predominantes, depois da criação da internet e do crescimento das redes sociais, no começo dos anos 2000, muita coisa mudou. Há pelo menos 20 anos vivemos uma realidade com novas formas de associação e identificação, imersos em diversas redes sociais que, de certa forma, revivem o papel da aldeia, mas agora mobilizando o fluxo de recursos entre inúmeros indivíduos distribuídos em comunidades virtuais segundo padrões variáveis.

Desde o surgimento das redes sociais, a palavra "comunidade" já era fartamente utilizada. Bastava procurar por temas e/ou perfis pessoais interessantes e encontrar uma comunidade para chamar de sua. É o estar "dentro" do mundo digital. No Brasil, o primeiro *boom* das redes sociais aconteceu com o Orkut, em 2003. Naquela rede, o usuário criava um perfil, podia interagir com os amigos reais e virtuais mediante aceitação da amizade, publicava fotos pessoais e participava de comunidades dos mais variados assuntos. O Google, empresa dona do Orkut, resolveu tirá-lo do ar em 2014, depois de ver sua popularidade cair, engolida por novidades como Facebook, Twitter e Instagram.

Segundo o sociólogo Manuel Castells, o conceito de comunidade virtual chamou a atenção para o surgimento de novos suportes tecnológicos de interação (computadores e celulares, além da conexão com a internet), mas confundiu formas diferentes de relação social, feitas à distância. Zygmunt Bauman reconhece que a internet mudou tudo, pois a partir do momento em que a informação passa a transitar numa velocidade muito além da capacidade dos meios mais avançados de transporte, a fronteira entre o "dentro" e o "fora" de outrora não pode mais ser estabelecida e muito menos mantida. É o tsunami da modernidade líquida, levando tudo o que tem pela frente com o poder das ondas cibernéticas.

As comunidades formadas por uma infinidade de bytes continuam a se caracterizar pela existência de um modo de relacionamento que segue baseado na coesão, na convergência de objetivos e de visão de mundo, interação, sentimento de pertença, participação ativa, compartilhamento de identidades culturais, laços de comunhão e caráter cooperativo. Tudo isso a um toque do smartphone – ou uma dancinha do TikTok.

AS LUZES E AS SOMBRAS DAS COMUNIDADES VIRTUAIS

A tecnologia confere às pessoas alternativas de sociabilidade ao proporcionar o compartilhamento de informações e experiências que ultrapassam as barreiras físicas e temporais. Não é mais necessário ocupar determinado espaço físico ou social para existir como comunidade, nem depender exclusivamente de instituições, interesses econômicos, políticos e culturais para se consolidar. Todas as pessoas conectadas a um computador ou celular podem acessar indivíduos de qualquer lugar da cidade, do país, do mundo, e integrar uma comunidade de interesses (ou ódios) comuns.

Nesse oceano de conexões fica óbvio que a vida não se passa 100% on-line – ainda bem! Seguimos conectados fisicamente com nossas comunidades de origem, que até podem ser as mesmas teorizadas por Ferdinand Tönnies no século XIX: sangue (parentesco), lugar (vizinhança) e espírito (amizade). Contudo, o leque de vivências nas comunidades virtuais se ampliou tanto que agora ocupa praticamente todos os aspectos de nossas vidas. Relacionamentos amorosos e de amizade nascem e morrem no Discord, onde muitas vezes amigos e namorados nem sequer se conhecem pessoalmente. O Tinder substituiu a praia, a festa, a reunião da igreja, o primo da amiga da vizinha e a tia casamenteira na hora de encontrar um par.

Buscamos oportunidades profissionais no LinkedIn. Encontramos diversão e fazemos negócios no Instagram, Facebook e no TikTok. Nos informamos e nos irritamos no Twitter. Conversamos pelo WhatsApp, Telegram, WeChat. E em cada uma dessas redes sociais integramos grupos, ou comunidades, que nos dão o sentimento de pertencimento – aquele lugar quentinho e aconchegante citado por Bauman. Sentimos prazer em "biscoitar likes" e passar horas interagindo com semelhantes que pensam como nós, consomem os mesmos produtos, apreciam os assuntos que nos atraem, têm igual crença religiosa e afinidade política. Paralelamente, criticamos outras comunidades, aquelas que não nos convêm, nos enfurece, são diferentes de nossas ideias e convicções. Desses lugares ficamos "fora", ou apenas espiamos de leve para observar o quanto nos causam indignação e repulsa. O "outro" segue sujo, feio e malvado no mundo virtual.

Assim como nas comunidades reais, as virtuais também têm atividades, pessoas e conteúdos interessantes e inspiradores, outros vazios e superficiais, bem como aqueles condenáveis ou, no mínimo, questionáveis. Algumas comunidades digitais fomentam ideias de inclusão, justiça social, educação, cultura, saúde, trabalho. Outras dão asas a indivíduos, grupos e ações xenofóbicos, extremistas, criminosos. De fato, cada comunidade que integramos fornece um panorama de quem nós somos verdadeiramente, assim como seria em uma aldeia analógica.

Claro, há quem falsifique a própria identidade, fingindo ser quem não é, alimentando o perfil de uma vida inventada. Mas, exceções à parte, as redes sociais revelam quais causas nos inspiram ou repudiam, a quem nos associamos, qual tipo de comportamento adotamos na vida real – não é por acaso que recrutadores de RH mergulham nos perfis digitais de seus candidatos antes de contratar alguém.

O que importa mesmo é que no final todos estão "dentro", cada qual em suas comunidades-bolha, quentinhos e acolhidos virtualmente. O problema reside no momento em que deixamos de ouvir e interagir civilizadamente com o todo da sociedade para flutuar em nossas bolhas aconchegantes, compartilhadas por centenas de milhares de seguidores iguais. É confortável ouvir, assistir e ler sobre aquilo que gostamos e concordamos, seja sobre política, religião, futebol, veganismo, maquiagem ou cinema. E vamos combinar: há um certo prazer mórbido em discutir com o inimigo virtual, aquele que nos contraria em tudo nos comentários do Twitter, em posts cada vez mais agressivos e menos argumentativos. Mas ao responder no mesmo tom, ou simplesmente "cancelar" a pessoa, esgarçamos ainda mais o tecido social que nos cerca.

Vale lembrar que a internet não inventou a mentira e a manipulação de informações, "elas existem desde que há linguagem", diz Pierre Lévy, sociólogo, escritor e pesquisador em ciência da informação e da comunicação. Nascido na Tunísia e formado na França, Lévy estuda o impacto da internet na sociedade desde a invenção da web. Ele acredita que as comunidades virtuais são uma nova forma de se fazer sociedade, uma maneira múltipla, diversa, transitória, desprendida de tempo e espaço, baseada muito mais na cooperação e nas trocas objetivas do que na permanência de laços. O sociólogo defende que uma comunidade virtual, quando apropriadamente organizada, representa uma importante riqueza em termos de conhecimento distribuído, de capacidade de ação e de potência cooperativa.

Há vários exemplos do que afirma Pierre Lévy nos próximos capítulos: ações e cases de comunicação comunitária que mostram que muitos projetos nasceram nas comunidades virtuais e floresceram em ações concretas na vida real. Além de outros tantos que surgiram em um espaço físico e continuam firmes e fortes em comunidades atuantes e constituídas por pessoas que se unem por aspectos de identificação, participação e, sobretudo, interação e compartilhamento comunitário de seus objetivos.

O que é comunicação comunitária

A comunicação comunitária é conhecida por diversos nomes: comunicação popular, alternativa, educomunicação, mídia alternativa, jornalismo cidadão, entre outros. Em comum, todas essas nomenclaturas se caracterizam como expressões de uma comunicação diferente da mídia tradicional, muitas delas surgidas das lutas populares, a partir dos movimentos sociais, das favelas e de recortes específicos da sociedade, como as populações de imigrantes, por exemplo.

A comunicação comunitária é importante em países como o Brasil, de desigualdades tão gritantes, pois representa um espaço para a participação democrática das pessoas na construção das notícias e, em última análise, da própria cidadania. Ela tem o cidadão comum como protagonista das informações, sendo porta-voz, produtor e distribuidor dessas notícias. Por isso, torna-se uma ferramenta educativa e democrática na produção de comunicação ao melhorar as condições de vida de grupos e comunidades.

Confira a seguir algumas características que definem comunicação comunitária.

14 características da comunicação comunitária

1. Tem como objetivo divulgar assuntos específicos das comunidades, de movimentos sociais, de segmentos populacionais ou do interesse público, que não encontram espaço na mídia convencional.
2. Usa como estratégia a participação direta das pessoas do próprio lugar na produção e distribuição das notícias e também na gestão do veículo de comunicação. O receptor tornar-se emissor e vice-versa.
3. Quem produz (cria, escreve, fala, edita, apresenta) as mensagens não é necessariamente um jornalista ou profissional de comunicação, mas o cidadão comum que faz parte da comunidade retratada.
4. Tem como meta contribuir para o desenvolvimento comunitário e ampliar o exercício dos direitos e deveres de cidadania.
5. Desenvolve um sentimento de pertença, de construção de identidade, mobilização social e valorização dos locais de fala de cada comunidade.
6. Não tem fins lucrativos. É uma comunicação autofinanciada ou que recebe doações, além de trabalhar apenas com apoio cultural e não com anúncios publicitários. Caso existam investimentos, esses devem ser revertidos para manter a produção e reinvestir no próprio meio.
7. Existem duas formas de trabalho nos veículos comunitários: voluntária e assalariada.
8. Nas experiências mais avançadas, desenvolve-se uma gestão do tipo coletiva.

9. Os conteúdos das produções dizem respeito a necessidades, problemas locais, artes, cultura e outros temas de interesse da comunidade.
10. A propriedade intelectual do que é veiculado pode ser coletiva, individual ou institucional, mas sempre é a serviço da comunidade.
11. Busca autonomia e independência em relação a governo, partidos políticos, grupos religiosos, empresariais e outros.
12. É dirigida a segmentos específicos da população. Atua com o propósito primeiro da educação, ampliando o repertório de conhecimento da comunidade alcançada.
13. As versões impresso, rádio e TV têm limites de alcance em termos de número de leitores/audiência – essa é uma limitação maior do que aquela dos meios de comunicação tradicionais. No caso de impressos, às vezes a tiragem não atinge nem 30 exemplares. Em rádios comunitárias piratas, o som não chega a três ruas do bairro e nas rádios-corneta, menos ainda – o mesmo para TV. Basicamente, nos impressos a limitação é de número reduzido de tiragem, limando o acesso. Em rádio e TV, o fator limitante é o alcance das ondas.
14. Ajuda a desenvolver a cidadania, ao mostrar que a sociedade é mais ampla e complexa do que apenas aquilo que é veiculado na grande imprensa.

UMA COMUNICAÇÃO QUE SE DESTACA NA AMÉRICA LATINA

Algumas vertentes da comunicação comunitária são produzidas nos países latino-americanos desde o final do século XIX, entretanto essa expressão comunicacional ganhou fôlego nas nações abaixo da Linha do Equador no início da década de 1960, na esteira dos movimentos estudantis, sindicais e pelos direitos civis. Naquela época, era conhecida no Brasil como comunicação alternativa, quando se reproduziam jornais no mimeógrafo – um equipamento jurássico utilizado na produção de cópias de estêncil –, que eram distribuídos gratuitamente. Havia também os jornais-murais, com colagens de notícias espalhados em muros de escolas, igrejas e sindicatos; e a divulgação de notícias por meio das rádios-corneta, megafones instalados em um poste na praça central do bairro; ou de carros de som, que atravessavam os bairros informando a população, como os vendedores de ovos e pamonha fazem atualmente.

Tudo era produzido em espaços alternativos, muitas vezes clandestinos, como associações de moradores, pastorais populares, sedes de movimentos sociais e sindicatos. Não apenas a mensagem era alternativa à hegemônica dos meios de comunicação de massa, mas as mídias diferenciavam-se também por seus formatos artesanais e pela falta de recursos, uma vez que o trabalho era voluntário e os fundos para impressão e compra de materiais vinham de doações da própria comunidade.

Entre os anos 1970 e 1980, as Comunidades Eclesiais de Base (CEBs) tiveram papel importante na construção de uma imprensa alternativa no Brasil e em alguns países da América Latina. As CEBs são instituições da Igreja Católica que pregam uma ligação entre a reflexão religiosa e a ação na sociedade, propondo uma interpretação bíblica diferente de uma devoção apenas contemplativa. Naquela época, eram comunidades inclusivas, bastante presentes em bairros periféricos, rincões afastados de Norte a Sul do país e em regiões carentes. Foram incentivadas pela Teologia da Libertação, um movimento católico apartidário, socioeclesial, que interpreta os ensinamentos de Jesus Cristo como libertadores de injustiças advindas de condições sociais, políticas e econômicas.

Os padres adeptos dessa corrente de pensamento usavam paramentos apenas durante os serviços religiosos, buscavam auxiliar a população pobre na luta por direitos e eram vistos como "subversivos" pelos ditadores militares e pela ala conservadora da Igreja Católica. Com o passar dos anos, mudanças importantes ocorreram com o fim da ditadura militar no Brasil, como o fortalecimento de outras crenças religiosas e o surgimento de novas práticas devocionais dentro do catolicismo, minguando o protagonismo da Teologia da Libertação.

O INTERESSE DA ACADEMIA E DA ONU NA COMUNICAÇÃO POPULAR

Não demorou muito para que todo esse movimento de comunicação popular na América Latina despertasse o interesse de pesquisadores nas universidades. Um dos grandes estudiosos desse fenômeno, o educomunicador, radialista e escritor argentino Mário Kaplún (1923-1998) afirmava que esse tipo de comunicação produzia mensagens para que o povo tomasse consciência de sua realidade. Os meios de comunicação, nessa perspectiva, seriam concebidos como instrumentos para uma educação popular, como alimentadores de um processo educativo transformador.

No Brasil, a pesquisadora Cicilia Peruzzo defende que a comunicação comunitária é fundamental para mobilizar a conscientização das pessoas sobre seu próprio direito de se comunicar. Mas, para isso acontecer de fato, as populações que a desenvolvem precisam passar por um processo de tomada de consciência, ou de mobilização, até se apropriarem dos meios de comunicação. Quando isso ocorre, o emissor e o receptor, sendo pertencentes a uma mesma comunidade, conseguem se apropriar de assuntos e linguagens próprias, que fazem sentido para aquele grupo específico de pessoas. Dessa forma, o emissor não terá o olhar da mídia tradicional, de enxergar o receptor apenas como alguém que será "informado" sobre alguma notícia, sem se importar sobre a relevância, ou a compreensão, do que foi veiculado para aquele indivíduo.

A comunicação comunitária também foi ganhando destaque, a partir dos anos 1970, nas políticas dos órgãos mundiais de fomento à inclusão, como ONU, Banco Mundial e Unesco (Organização das Nações Unidas para a Educação, a Ciência e a Cultura), que observavam a participação ativa da população local e os impactos positivos desse envolvimento protagonista no processo da comunicação comunitária. Com o apoio da Unesco, instituiu-se a Nomic (Nova Ordem Mundial da Informação e Comunicação), um projeto internacional de reorganização dos fluxos globais de informação por meio de diversas ações de governos e do terceiro setor.

O órgão formou-se a partir do Movimento dos Países Não Alinhados, pertencentes ao então chamado Terceiro Mundo, contestando a desigualdade entre nações ricas e pobres no acesso à comunicação. A ideia da Nomic era ajudar no estabelecimento de um novo modelo de apropriação dos meios de comunicação de massa, que seriam promovidos de maneira estatal pelos governos. Esse debate chegou às Nações Unidas no final dos anos 1970 e gerou bastante polêmica entre os países ricos.

Para acalmar os ânimos, a Unesco formou uma Comissão Internacional para o Estudo dos Problemas de Comunicação, presidida pelo político irlandês Seán MacBride, ganhador do Prêmio Nobel da Paz em 1974 e autor do Relatório MacBride, também conhecido como "Um Mundo e Muitas Vozes" – o primeiro documento oficial de um organismo multilateral que não só reconhecia a existência de um grave desequilíbrio no fluxo mundial de informação e comunicações, mas também apresentava possíveis estratégias para mudar essa situação. Com a colaboração do escritor colombiano Gabriel García Márquez, entre muitos outros nomes importantes, o relatório final seria aprovado em 1980. Contudo, a Nomic não se materializou em nenhum dos países que se comprometeram a implantá-la.

Mesmo sem apoio oficial estatal, várias iniciativas foram estabelecidas na América Latina. No Brasil, após a democracia ser reinstalada em 1984, a Constituição previa políticas de gestões democráticas do âmbito comunicacional. A partir daí houve um crescimento de atuação do terceiro setor, com movimentos sociais, ONGs e associações de bairro, por exemplo, produzindo comunicação comunitária, essencialmente nos formatos impresso e áudio. Até os anos 1990, esse tipo de produção aparecia, sobretudo, dentro dos movimentos populares, da imprensa alternativa, da publicação sindical metalúrgica, de organizações não governamentais. A partir dos anos 2000, começaram a surgir experiências comunicacionais mais diversas, incluindo aquelas realizadas por associações, grupos ou até por pessoas individualmente, tudo graças ao surgimento da internet.

QUANDO A COMUNICAÇÃO COMUNITÁRIA VIRA EMBALAGEM PARA A MÍDIA TRADICIONAL

A comunicação comunitária não é um fenômeno alheio à grande imprensa. Muitos jornais, revistas, sites, emissoras de rádio ou até quadros dentro de telejornais na televisão aberta se apropriam indiscriminadamente dos termos "comunitário", "popular" ou "voltado para a classe C", para denominar produtos midiáticos, programas ou reportagens normalmente relacionados a algum problema social ou de interesse popular.

O impasse é que a mídia hegemônica trata de alguns assuntos, como a periferia, por exemplo, de maneira viciada, destacando-a apenas em manchetes sobre violência, crimes, tráfico de drogas; tragédias como enchentes e desabamentos; ou problemas no fornecimento de serviços públicos, como falta de creches, escolas vandalizadas, postos de saúde sem médicos, remédios e insumos. A eterna dicotomia do vilão ou da vítima. Nessas notícias, observamos pessoas pardas, pretas e pobres expostas em seus cotidianos, protagonizando informações quase que exclusivamente negativas. Esse tipo de abordagem aumenta ainda mais o estigma dessas populações, ampliando o fosso entre os habitantes de uma mesma sociedade.

No caso do rádio, a apropriação do termo "comunitário" é ainda mais ampla, uma vez que há centenas de emissoras em todo o país que se autointitulam "comunitárias". Na verdade, algumas não passam de um negócio comercial com o nome fantasia comunitário; outras são religiosas, de várias denominações, com premissas que fogem completamente daquelas definidas pela comunicação comunitária. Há as que estão a serviço de políticos profissionais em um leque variado de partidos; e aquelas operadas por entusiastas do rádio e do trabalho comunitário, mas que acabam por destacar a figura de suas lideranças, dificultando o envolvimento da população no processo comunicacional. Felizmente, no meio de tudo isso, existem as cerca de 5 mil rádios comunitárias autorizadas em funcionamento no país.

Muitos meios de comunicação se autoproclamam "comunitários" como uma maneira de associar sua imagem à de um veículo "conectado à comunidade", ou de estar prestando "serviços de interesse da comunidade". Com isso desejam obter credibilidade, audiência, anúncios publicitários e a simpatia do público desavisado. Às vezes, a grande mídia até faz reportagens de prestação de serviços à comunidade, utilizando como porta-vozes líderes comunitários, por exemplo. Afinal, é inegável o potencial da grande imprensa para mobilizar moradores e pressionar o poder público diante de alguns problemas – especialmente em ano eleitoral. No entanto, esse tipo de reportagem na mídia tradicional não costuma ser periódica, ainda que posteriormente haja checagem se o problema da localidade retratada foi resolvido.

Atualmente, no espaço da comunicação alternativa, os processos e os produtos comunicacionais caracterizam-se pelo conteúdo pró-cidadania e pela ativa presença dos destinatários nas diversas fases da produção e pode ser denominada de diferentes maneiras que, em sua essência, objetivam as mesmas coisas:

- comunicação para o desenvolvimento;
- comunicação para a mudança social;
- comunicação participativa;
- comunicação para a transformação social;
- comunicação comunitária.

De maneira ampla, o processo de desenvolvimento de uma comunicação comunitária abarca o autoconhecimento, o encontro e o respeito do outro e a leitura crítica da realidade para a construção de propostas coletivas e transformadoras. A pluralidade é uma de suas maiores características, contribuindo não apenas para democratizar as produções comunicacionais, mas principalmente para reduzir visões preconcebidas e preconceituosas sobre pessoas, comunidades e grupos específicos. A mídia comunitária também proporciona novas formas de reflexão sobre a comunicação no ambiente universitário, pois os projetos desenvolvidos nas comunidades levantam temas que podem ser aprofundados em pesquisas e produções acadêmicas ainda na graduação.

A comunicação comunitária e suas variações

As primeiras publicações alternativas à mídia convencional surgiram no final do século XIX e cresceram ao longo do século XX, juntamente com alguns fenômenos sociais que sinalizavam mudanças profundas nas então sociedades de base rural da América Latina: a independência dos países europeus; a abolição da escravatura; a consolidação da industrialização; o êxodo rural; e um grande fluxo migratório, ocorrido com a Primeira e a Segunda Guerra Mundial.

Foi um período marcado pelos valores da República Velha no Brasil, sintetizado pelo domínio das elites, pelo conservadorismo e pela visão de que as questões sociais eram coisa de anarquistas, um tema para a polícia resolver. Todos esses fenômenos contribuíram, cada qual à sua maneira, para a formação de uma comunicação alternativa, com periódicos ligados aos movimentos sociais e às minorias.

No Brasil dos anos 1930, com o término do ciclo do café – até então o polo mais dinâmico da economia brasileira –, ocorreu uma lenta transição de regimes de trabalho compulsório para o trabalho livre. Entre os anos 1920 e 1930, famílias inteiras deixaram as fazendas cafeeiras concentradas no Vale do Paraíba, uma região que fica entre as cidades de São Paulo e Rio de Janeiro, e migraram para os centros urbanos. A capital desses dois estados foi o destino de quem saía do campo para trabalhar em fábricas, no comércio ou no setor público, áreas que se fortaleciam nas metrópoles nascentes. No Nordeste brasileiro, a partir do final do século XIX, com "a Grande Seca", que atingiu particularmente o Ceará, a diáspora rural se repetiu com os retirantes, pessoas que fugiam da aridez do sertão em busca de uma vida melhor em outros estados ou nas capitais nordestinas.

Grande parte dos migrantes que tentava escapar do desemprego nos campos do Sudeste, ou da fome no Nordeste, era formada por famílias de ex-escravizados e seus descendentes, que, na impossibilidade da inserção social em suas regiões, foram expulsos e migraram forçosamente para as cidades em ascensão. O resultado foi a segregação racial, social e de espaço nas capitais. Além da disputa desleal por moradia, ainda havia a luta por oportunidades de trabalho com os residentes locais e com os imigrantes europeus recém-chegados ao Brasil, já com experiência de trabalho na linha de produção das fábricas em seus países de origem.

Mesmo diante de um cenário tão desalentador, as comunidades de afrodescendentes conseguiram produzir, antes e após a abolição da escravatura, jornais, circulares e panfletos que se enquadram dentro da comunicação comunitária por serem produzidos por e para membros dessa comunidade, tratando de assuntos e vieses jornalísticos que atendiam exclusivamente aos interesses desse recorte da população.

Um exemplo é o quinzenário *O Homem de Côr* (1833), o primeiro jornal brasileiro a lutar contra a discriminação racial 55 anos antes da assinatura da Lei Áurea, em 1888. Criado pelo jornalista, poeta, tipógrafo e livreiro Francisco de Paula Brito, trazia pautas sobre a libertação das pessoas negras escravizadas, sua luta por espaços no serviço público e o exercício da cidadania dos negros livres. Esta e as demais publicações da imprensa negra se enquadram dentro das premissas da imprensa comunitária quando desenvolvem um sentimento de pertença, de construção de identidade, mobilização social e de valorização dos locais de fala dessa comunidade.

O HOMEM DE CÔR.

N.º 1.

CONST. POLITICA DO IMPERIO, Tit. 20.

Dos Cidadãos Brasileiros art. 6.º

São Cidadãos Brasileiros &c. &c. §os 1.º 2.º 3.º 4.º e 5.º

Tit. 8.º Das disposiçoens geraes, e garantias dos direitos civis, e politicos dos Cidadãos Brasileiros Art. 179 § 14 Todo o Cidadão pode ser admitido aos cargos publicos civis, Politicos, e Militares, sem outra differença que não seja a de seos talentos, e virtudes.

O Povo do Brasil he composto de Classes heterogeneas, e debalde as Leis intentem mistural-as, ou confundil-as sempre alguma hade procurar, e tender a separar-se das outras, e eis hum motivo mais para a eleição recair nas classes mais numerozas.

Por Manoel Zeferino dos Santos.— Presidente de Pernambuco.

Officio de 12 de Junho de 1833.

40 rs. SABBADO 14 DE SETEMBRO DE 1833 | TYPOGRAPHIA FLUMINENSE DE BRITO E C.

Com licença do Sr. Manoel Zeferino dos Santos, e de seu sequito.

Parto monstruozo e revoltante he sem duvida o Officio de 12 de Junho de 1833, se a brutalidade ou crassa ignorancia o não dictára, a ideia de divizão das Classes fere de morte a Constituição do Imperio, e no pelago de intrigas interminaveis a preza he partilhada com o mais forte; e para que se frustrem intenções damnozas ergue o filozofo a vós sempre superior aos prejuizos do seculo, e mostra com a analize do precitado Officio o que o dever e a honra proscreve em semelhante lide.

Trouxerão accintemente as folhas ministeriaes, da Capital o Officio do Prezidente de Pernambuco, para de huma ves romper-se o nó que liga a Familia Brazileira, em obrigação ficamos por tão assignalado serviço. Diz o Prezidente de Pernambuco tratando das G. Nacionaes = Que esta instituição que parecia ser a mais proficua para a defeza do Brasil e segurança da tranquilidade interna pela qualidade que deverião ter os individuos que a devião compor, não tem, ao menos na quella Provincia correspondido aos seos fins etc. etc. Dizemos nos: se as G. Nacionaes não tem prestado o auxilio esperado, temos culpa de andarmos ora a Franceza, ora a Ingleza? Quem o culpado da dissollução da Tropa? A prestação de serviços torna-se a aquelles que alimentão-se com seos braços, oneróza, injusta, e impolitica; e o Prezidente de Pornambuco e seu bando que vivem como zangões a expenças da Nação a muito deverião ter previsto que os G. Nacionaes se recuzarião a trabalhos violentos:

Jornal *O Homem de Côr* (1833), o primeiro a lutar contra a discriminação racial, escrito por e para pessoas pretas.

Outros periódicos destacaram-se no combate ao preconceito e na afirmação social da população negra, funcionando como instrumentos de integração desse grupo na sociedade brasileira após a abolição, sendo publicados especialmente em São Paulo. Títulos como os jornais *Getulino* (1923), de Campinas (SP); *O Clarim da Alvorada* (1929); *Tribuna Negra* (1935); e a revista *Senzala* (1946), abordavam assuntos sobre conscientização política e econômica do negro, além de divulgar eventos cotidianos, como festas, bailes, concursos de poesia e beleza, os quais não tinham espaço em veículos da grande imprensa. A partir de 1937, período do Estado Novo de Getúlio Vargas, as atividades da imprensa negra sofreram dificuldades e perseguições e foram enfraquecidas no protagonismo em movimentos populares e finalmente extintas em partidos políticos ao longo das décadas seguintes.

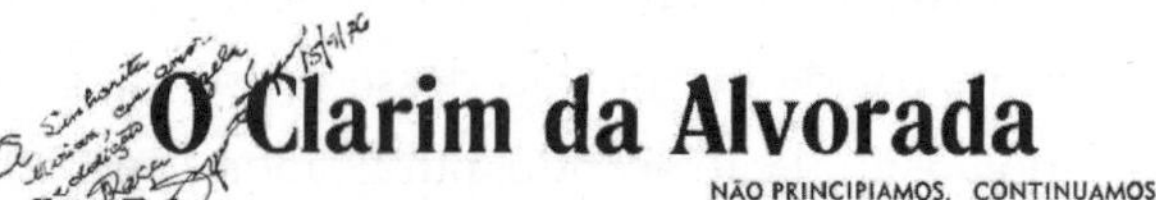

O Clarim da Alvorada

3a. Fase

NÃO PRINCIPIAMOS, CONTINUAMOS
JOSÉ DO PATROCINIO

28 de Setembro

Dia da Mãi Negra

LIGADA AO SENTIMENTO DOS VELHOS SOLARES DA PATRIA BRASILEIRA ESTA' A LENDARIA FIGURA DA MULHER NEGRA, AQUELA QUE FOI DUPLAMENTE SACRIFICADA NA FORMAÇÃO DA NACIONALIDADE. MAIS UM ANIVERSARIO DA LEI DO VENTRE LIVRE, O BRASIL VÊ PASSAR NO SEU CALENDARIO HISTORICO, NA DATA DE HOJE.

Não principiamos, continuamos...

JOSE CORREA LEITE

Depois de um longo silencio, o porta-voz que marcou uma época nas indagações históricas, nas afirmações dos direitos e em todos os anseios de conquistas dos homens negros, surge hoje, uma edição do "Clarim da Alvorada". Isto prova que das cinzas de velhos ideais, ainda brilham as pequenos brazas da esperança. E prova para substancial a obra de fé, no civismo do negro, a sua índole de bem servir a nosso, na integração nacional. Hoje temos a realidade de um dever cumprido aos pósteros. Que melhor finalidade poderia ter um jornal? Despertar o ardor cívico, envolver-se nas campanhas de elevação social-econômica, moral e cultural da raça, foram as diretrizes do "Clarim da Alvorada".

Em meio de tanta incompreensão e controversia, em lutas memoraveis de explanações que se projetavam nestas colunas, o negro tinha o seu alvorecer. Organisava o retino doutrinario. Aproveitava os valores da geração que se abstraia nas mais nobres tarefas. Esta foi a obra dos varios periodos por que este jornal passou. Dezesseis anos.

E pela sua existência tantos nomes o "Clarim da Alvorada" viu passar: Evaristo de Morais, Leopoldo de Freitas, Bezerra de Menezes, Conego Olimpio de Castro, Artur [illegible], Vicente Ferreira e tantos outros.

Era nas grandes datas que o "Clarim da Alvorada" imprimia o seu verdadeiro sentido. Assim foi na sua edição de 28 de Setembro de 1928, quando aventava, num expressivo apelo à imprensa e aos poderes da nação de se cultuar nesta data o DIA DA MÃI NEGRA.

E o prestígio do modesto orgam da mocidade negra, teve acolhida e recebeu valiosa contribuição de toda a imprensa nacional, que se manifestou unânime pela idéa vitoriosa.

E, nessa ansia de mais infleir, descobrindo no amago de um problema, todo o interesse da familia negra no Brasil, eis que o "Clarim da Alvorada" lança a idéa da realisação do 1.º Congresso da Raça Negra.

E a confusão surgiu nos espiritos refratários. Os negros doutos de São Paulo, puderam ser aquilatados em desconhecimento dos principios de solidariedade ao proprio destino de sua raça. E o Congresso não se realisou. Mas a idéa ficou no estimulo da coragem da pleiade de idealistas que hoje, retemperados por novas esperanças, voltem sob a égide da frase de José do Patrocinio — Não principiamos, continuamos...

O CLARIM d'ALVORADA

O DIA DA MÃE PRETA

Fac-simile da edição do CLARIM DA ALVORADA de 28 de setembro de 1928, quando foi aventada a idéia de ser instituido, nesta data, o "Dia da Mãi Negra". Aquela idéia, apesar de encontrar acolhida em espiritos fortes e arejados como de Gilberto Amado, Coelho Neto, Evaristo de Morais, Candido de Campos e outros, não pôde ir avante, fato que não sucederá no atual regime, que reconhece ser o negro o "trabalhador numero 1 do Brasil", como afirmou em discurso um dos seus mais nobres representantes, o Exmo. Snr. Dr. Adhemar de Barros, Interventor Federal nêsto Estado.

Tende a ser relegado pela concepção errônea dos fenômenos complexos que atualizam a nova ordem de pensamentos, a data de 28 de setembro.

Isto, mesmo entre os descendentes da raça negra. Há os que se envergonham da negra e sua procedencia. Porém, os ideais que cristalisam objetivos altos de um povo, encontram, sempre os que se insurgem dessa condição atavico, abraçando-lhe os principios.

28 de setembro tem uma alta significação histórica para os negros do Brasil. Evoca para a nacionalidade uma das mais belas páginas da ânsia da igualdade e justiça do direito social.

Esta publicação tem a sua finalidade de incremento cívico e um tributo de louvor aos feitos do passado. Presta-se uma pequena e tão desinteressada homenagem ao vulto de Silva Paranhos — Visconde do Rio Branco, autor da lei sábia de 28 de setembro de 1871, que ampara o ventre da mulher escrava. No Brasil já não nasciam homens escravos. A instituição maldita do cativeiro recebia o seu primeiro golpe mortal. E o sentimento de elevado altruismo sensibilisou a alma da raça espoliada, e esse benefício teve o maior título de gloria que um homem pode receber [illegible] a gratidão das mãis.

O culto à mulher negra surgiu no sentimento da nação brasileira, na reparação do seu calvário. Mas a reparação pela simples apologia sentimental pelo espirito de piedosa justiça, traz no seu bojo, pela ausencia de uma significação política, a indecisão que morre no silencio e no curso dos tempos.

O Brasil quasi que resgatava a sua divida de gratidão para com a raça negra, erigindo um monumento à Mãi Negra. A idéa foi vitoriosa, mas a falta de coragem não trouxe a realisação. Compete a nós, os negros, festejar o Dia da Mãi Negra. Dar ao nosso testemunho da posteridade àquela que no seu duplo sacrificio, na sua generosa humildade, soube colaborar na formação da familia brasileira e da nacionalidade.

Imprensa negra:
O Clarim da Alvorada
(1929), produzido
em São Paulo,
abordava assuntos
sobre conscientização
política e econômica
dos afrodescendentes.

Paralelamente a esses fatos, no início do século XX os sindicatos de diversas categorias profissionais começaram a ganhar força. E, a partir dos sindicatos, surgiram os jornais sindicais como *A Voz do Trabalhador* (São Paulo, 1913); *O Proletário* (São Paulo, 1922); A *Classe Operária* (Rio de Janeiro, 1930); *Das Hand Werk* (Porto Alegre, 1931, escrito em alemão); *Voz Operária* (Rio de Janeiro, 1945). Essas publicações alternativas à mídia hegemônica fazem parte da comunicação popular porque, de acordo com Cicilia Peruzzo, surgem a partir dos movimentos sociais, sobretudo da emergência do movimento operário e sindical, e se referem ao modo de expressão das classes populares. Nesse caso específico, atendiam aos interesses de uma comunidade: trabalhadores e trabalhadoras das fábricas.

A comunicação popular, alternativa e comunitária se caracteriza como expressão das lutas populares por melhores condições de vida e representam um espaço para participação democrática do povo. Logo, as pautas desses periódicos discutiam ideias novas e bem distantes daquelas abordadas nos jornais tradicionais, como duração da jornada de trabalho, direitos trabalhistas, questões do cotidiano operário, além de criar e desenvolver o hábito de leitura entre os trabalhadores. Seu conteúdo era produzido de maneira a formar um cidadão crítico, tendo os operários como protagonistas das histórias e suas demandas no centro das reportagens.

Ao longo das décadas, a imprensa sindical nunca deixou de ser produzida no país, gerando jornais importantes, como a *Tribuna Metalúrgica*, ligada ao Sindicato dos Metalúrgicos do ABC, criada em 1971, e a *Folha Bancária*, publicação do Sindicato dos Bancários de São Paulo, Osasco e região, fundada em 1961. Ambas as publicações sindicais existem até hoje.

Atualmente, a imprensa sindical se faz presente em mídias impressas, televisivas e digitais. Um exemplo é a TV dos Trabalhadores, hoje TVT, que, em conjunto com a Rádio Brasil Atual e o portal de notícias Rede Brasil Atual, leva informações relacionadas aos Sindicatos dos Metalúrgicos do ABC e Bancários de São Paulo, Osasco e região. A TVT é um canal aberto, que pode ser assistido na Grande São Paulo e em todas as redes sociais. A emissora é gerida pela Fundação Sociedade Comunicação Cultura e Trabalho, entidade cultural sem fins lucrativos mantida pelos dois sindicatos, dos Metalúrgicos e Bancários. Tem cerca de 10 milhões de visualizações por mês no YouTube, com 2 milhões de acessos únicos e mais de 700 mil inscritos.

RIO, 25 DE AGOSTO DE 1928 — PROLETARIOS DE TODOS OS PAIZES, UNI-VOS — SEGUNDA PHASE — N. 18

A CLASSE OPERARIA

JORNAL DE TRABALHADORES, FEITO POR TRABALHADORES, PARA TRABALHADORES

Octavio Brandão e Minervino de Oliveira São os Candidatos do Bloco Operario

Aquelle no Primeiro e Este no Segundo

Batalha de Classe

PRIMEIRO DISTRICTO

Octavio Brandão

A Assembléa dos Delegados do B.O.C.

Quem são os nossos candidatos a intendente

MINERVINO DE OLIVEIRA

OCTAVIO BRANDÃO

O Terror Branco na China Rubra

O martyrio dos militantes operarios na China

SEGUNDO DISTRICTO

Minervino de Oliveira

Operarios conscientes

Quereis conhecer os estatutos do Bloco Operario e Camponez? e seu programma? temos a venda no Centro Auxiliador dos Operarios em Calçado á rua Visconde Itaúna, 201, ao preço de 200 rs.—Adheri ao Bloco Operario e Camponez.

NUMERO AVULSO:

100 rs.

Publica-se aos Sabbados

Sport Proletario

Importante Festival em homenagem ao B. O. C.

"A Nação"

Temos á venda algumas collecções completas da «A Nação», encadernadas em bello e grande volume. Preço de cada volume: 50$000

A Classe Operária
(Rio de Janeiro, 1930); um jornal sindical que faz parte da comunicação popular porque surge a partir dos movimentos sociais.

OS ANARQUISTAS ENTRAM EM CENA

Com a industrialização caminhando a todo o vapor e a imigração em massa das pessoas fugindo das guerras na Europa e na Ásia, entram em cena os imigrantes anarquistas, operários chegados da Espanha, Portugal e principalmente da Itália. Eles pregavam o anarquismo, uma ideologia política que se opõe a todo tipo de hierarquia e dominação, seja ela política, econômica, social, religiosa ou cultural, como o Estado, o capitalismo, as igrejas de qualquer denominação, o racismo e o patriarcado. Uma novidade e tanto em um país que mal tinha abolido o trabalho escravo!

Um dos primeiros grupos de anarquistas italianos desembarcou por aqui em 1890 e se instalou em terras no estado do Paraná, onde construíram a Colônia Cecília, uma comunidade anarcossocialista que durou quatro anos. Eles eram liderados por Giovanni Rossi (1856-1943), escritor, engenheiro agrônomo e veterinário da Toscana. Entre seus membros, havia pessoas com diversas formações: agricultores, artesãos, professores, engenheiros. Gente sem nenhuma experiência com trabalhos no campo e que sofria para manter um cotidiano produtivo – a inaptidão aos trabalhos rurais explica parte do insucesso da aventura.

Eles praticavam o amor livre, o ateísmo, o ensino aberto e votavam em assembleia todas as decisões da comunidade – costumes que não agradaram nada a sociedade da época, em especial a ausência de religião e a troca de parceiros sexuais. Para obter uma renda fixa, produziam erva-mate e vinho, mas a maior parte dos alimentos servia para a própria subsistência. Em seu auge, a experiência tinha 250 membros, mas terminou em 1894, com apenas 50 pessoas. O principal motivo de fracasso foi a pobreza, que chegava às condições de miséria, as brigas internas e a hostilidade da vizinha comunidade polonesa, fortemente católica. Quem não retornou à Itália, comprou terras próprias, arrumou emprego na rede ferroviária que começava no Paraná ou foi trabalhar como jornalista.

Ainda no século XIX, os anarquistas criaram os primeiros jornais com conteúdo pensado para a classe trabalhadora fabril e pautas voltadas à conscientização sobre as péssimas condições de trabalho nas fábricas, com jornadas que iam além de 12 horas diárias. De 1900 até o começo dos anos 1920, a imprensa operária foi praticamente uma extensão do pensamento anarquista, consolidando uma imprensa alternativa, com viés político, mas com foco nas comunidades dos trabalhadores das fábricas – um recorte bastante específico da sociedade e cujas pautas eram focadas nesse público-alvo.

Alguns periódicos ficaram bem populares: *O Despertar*, *O Protesto*, *O Golpe*, *A Asgarda*, *Avanti*, *La Battaglia*, *Terra Livre*, *O Trabalhador Livre*. A imprensa anarcossindicalista no Brasil também publicava jornais e revistas em diversos idiomas além do português: *Alba Rossa*, em italiano; *Volksfreund*, em alemão; *El Grito del Pueblo*, em espanhol. As reportagens de quase todos os jornais falavam sobre o movimento operário, a situação dos trabalhadores no Brasil e no exterior, o encaminhamento das greves, a situação da educação, da mulher e da criança operária, visando formar a consciência do trabalhador. Os mais radicais, anticlericais, tinham pautas acusando a Igreja Católica de ser vetor de miséria e ignorância e textos doutrinários sobre os ideais anarquistas.

LISBOA, 5 de Junho de 1913

TERRA LIVRE

Semanario Anarquista

N.º 17-1.º ANO | Diretor: PINTO QUARTIM — Propriedade do grupo editor da TERRA LIVRE | Publica-se ás 5.as feiras — Redação e administração Rua das Gaveas, 55, 1.º | Editor: JAIME DE CASTRO — Comp. e imp. nas OFICINAS GRÁFICAS R. do Poço dos Negros, 8 | PREÇO 20 RS.

Oh! a Republica!...

Desde 1834 não ha na historia deste país um periodo governativo de tanto arbitrio e despotismo como o que estamos atravessando. A audacia e pouco escrupulo dum governo,a ignorancia e apatia dum povo concorrem paralelamente para este estado de couzas.

Quasi três anos vão passados depois que o povo de Lisbôa saudou com um hino jubiloso o advento da republica.

Menos verdadeiro seria afirmar que a republica não era então um novo mundo de esperanças para a maioria dos portuguezes que sofria e pensava.

Quasi trez anos já lá vão! Quantas iluzões desfeitas! Quantos sonhos dissipados! As batatas a vintem o quilo, o pão a pataco, o bacalhau a três vintens, tudo isso foram palavras adequadas para levantar o espirito revolucionario das multidões, e nada mais.

Os tribunos da republica sabiam bem que falar noutra linguajem que não fosse esta era motivo suficiente para deixar inerte a falanje enorme dos famintos, dos eternamente perseguidos.

Esperastes, proletarios, ver mais pão sobre a meza e em logar disso vistes encarecer a vida espantosamente e cercear-vos o trabalho,sentistes-vos onerados com novas contribuições e encargos.

Pedistes economia na administração publica e pasmastes de ver dar subsidios a deputados, duplicar os vencimentos dos altos funcionarios, emfim, criar novos empregos onde foram anichados pretensos heroes que não lobrigastes a vosso lado nos dias perigosos da revolução.

Sonhastes com a liberdade e encontrais-vos presentemente sob o jugo da mais ferrea tirania, vendo constantemente apontado para o carcere o dedo do carrasco, mal esboçado um gesto de revolta.

Cada dia, cada minuto que decorre, vêdes esboroar, pedaço a pedaço, o sonho de felicidade que injenuamente havieis arquitetado.

Quasi trez anos já lá vão! Quantas iluzões desfeitas! Quantos sonhos dissipados!

Se o povo, em especial o proletariado, em vez de prestar ouvidos ás promessas mirabolantes dos tribunos, alongasse a vista alem fronteiras e se quedasse um momento a confrontar as republicas e monarquias ezistentes, veria, sem grande e demorado esforço, que entre umas e outras ha apenas a diferença do nome.

Morrer de fome na Italia ou nos Estados-Unidos da America é sempre morrer de fóme. Na França como na Alemanha ha todos os anos alguns milhares de seres humanos que vão ocupar os braços em terras lonjinquas.

Apontar, pois, diferenças essenciais entre republica e monarquia é um erro ou um sofisma que só a imbecis e cégos póde convencer.

E esse erro ou sofisma são tanto mais evidentes quando descemos da questão economica á questão moral, isto é, ao usufruto das regalias individuais e coletivas.

Vejamos neste capitulo o que nos deu a revolução de outubro:

Liberdade de associação!

Hoje como dantes vigora a lei de 9 de maio de 91 que não só não foi reformada num sentido mais liberal, como até deixou de ser respeitada tal como está confecionada. Pretender hoje fundar uma associação operaria é motivo suficiente para ser-se arrastado aos tribunais marciais.

Liberdade de reunião! Continua vigorando a lei de 26 de junho de 93, da autoria de João Franco, com a agravante de ser calcada a cada passo quando não são os afeiçoados do poder os que dela pretendem fazer uso. Realizar uma conferencia num centro operario eis outro motivo para ser-se levado ao tribunal militar.

Liberdade de imprensa! Liberdade de pensamento! Não falemos nisso. Se mais lonje fôr a nossa vida devemos ocultar que vivemos pensando neste periodo nefasto de despotismo, sob pena dos vindouros nos qualificarem de impostores.

Homens livres de preconceitos, homens de coração, amantes da justiça e da liberdade! —Narrai, passados anos, que após seis mezes de vijencia republicana se cometeram os primeiros assassinios em Setubal, que não foram senão o prologo de subsecuentes morticinios mais vastos e mais perfidos; dizei que se pejavam os carceres com os proletarios que tinham a corajem de manifestar o seu pensamento, sem outra culpa ou qualquer forma de processo; clamai que se suprimiam os jornais e se encerravam os centros operarios com a sem-cerimonia que estamos vendo, e nossos descendentes vos cuspirão na face o epiteto de cobardes, acarretar-vos-ão a culpa de terdes contribuido para o regresso dum povo aos tetricos tempos dos Caligulas e Tiberio e isto em nome duma fementida liberdade.

Qualificar-vos-ão de irmãos dejenerados de Buiça e Costa, deificados outrora pelos despotas de hoje, porque, com sacrificio da propria vida, abateram o tirano coroado que esmagava o pensamento de cinco milhões de almas.

Republicas! Monarquias!

Vejamos: Por detraz destes nomes está o Estado, entidade devorista e hedionda que faz todos os dias as suas dijestões com o nosso suor, as nossas lagrimas, o nosso sangue.

E' monarquico autocrata,tem a Siberia e o *pnout* para abafar a voz dos pensadores. E' monarquico constitucional, tem Montjuich para produzir torturas e fabricar cadaveres. E' republicano, tem a ilha das Cobras, a Terra do Fogo, Biribi. A Suissa, que nos apontam como o modelo das republicas, espulsa todos os anos do seu solo dezenas de anarquistas isto é, homens que se tornam perigosos porque querem a humanidade redimida, homens que teem o peito aberto a todas as ideias nobres e generosas, que fazem sua a dôr alheia, que juntam as suas lagrimas ás lagrimas de todos os infelizes da Terra.

Republicas! Monarquias! Uma só tirania com dois nomes.

Nicolau II, o autocrata de todas as Russias, mandando metralhar os pobres *mujichs* nas ruas de S. Petersburgo nada mais faz que imitar o gesto de Thiers, o presidente da Republica Franceza, ordenando o fuzilamento dos 35:000 vencidos, de encontro aos muros do cemiterio do Pére-Lachaise.

A Espanha de Afonso XIII trespassa o coração de Ferrer, como a França de Faliéres deceparia a cabeça de Durand se o protesto operario não detivesse a tempo o braço de Deibler.

Republicas! Monarquias!

Burlas! Mentiras! Sofismas!

O reconhecimento amplo das liberdades individuais e coletivas eis o que melhor define uma democracia.

Encontrareis nos dominios de Jorge V uma democracia, e debalde a procurareis nos territorios que reconhecem a chefia de Mr. Poincaré.

E' a consciencia coletiva que faz as republicas e monarquias de facto, zombando muitas vezes das formulas politicas com que se adorna o Estado.

Homens livres de preconceitos, homens de coração que amais a justiça e a liberdade! —Que lucrastes com a implantação da Republica pela qual arriscastes a vida e a situação?

Ha mais pão? Mais justiça? Mais liberdade?

Não! Evidentemente ha mais tirania, mais mizeria. A Republica está por fazer posto que onde julgastes encontra-la, apenas achastes a ambição e o odio. A republica, povo, lateja todos os momentos no recondito de teu peito.Rasga corajozamente o arcaboiço e deixa que ela triunfe.

DO NATURAL

A noite estava fria. E os dois tristes deserdados,—um pequenito e uma raparigainha—vestindo uns sujos farrapos, descalços, tiritantes, lá iam na sua dolorosa peregrinação...

O pequenito implorava:

— «Meu bom senhor: dê-me uma esmolinha! A minha mãe está doente e o meu pai está preso...»

E a pequenita, duma magreza afilada de doente, repetia, numa vosita que mal se ouvia, nublado o olhar duma profunda tristesa:

—«Meu bom senhor: dê-me uma esmolinha! A minha mãi está doente e o meu pai está preso...» E aqueles a quem se dirijiam, olhavam-nos aborrecidamente, não lhes davam coisa alguma, nem sequer lhes respondiam...

Senhoras finas, deixando após si um rasto perturbante de perfumes fortes, retorquiam-lhes, enfadadas, com um sêco—*não póde ser*.

E comentavam:

—«Que maçada! Não se pode andar na rua... E' isto... Não nos largam... Costumam-se á pedincha e, depois, não querem outra coisa...»

E empurrados, pisados, entre o vae-vem tumultuoso dos passeios, sobre os quais escorria a luz alegre das montras recheadas de veludos finos e sedas magnificas, de manjares deliciosos e bebidas raras, os desgraçaditos lá iam, psalmodeando sempre na sua vosita apagada e triste:

Imprensa anarquista: suas reportagens falavam sobre o movimento operário e a situação dos trabalhadores no Brasil e no exterior.

Por seus ideais de base marxista e, posteriormente, a ligação de alguns de seus membros ao Partido Comunista Brasileiro, a grande imprensa da época tratava os anarquistas engajados na causa operária como "desordeiros e bandidos", especialmente quando organizavam greves e protestos por melhores salários e condições de trabalho. Os anarquistas mexeram tanto com as estruturas da sociedade em São Paulo que levou o governo a criar, em 1907, a Lei Adolfo Gordo, com apenas quatro artigos bem diretos: prender ou expulsar todo o estrangeiro que falasse de anarquismo, anarcossindicalismo e de greve. Alguns anarquistas foram presos, assassinados ou expulsos do país, mas antes disso eles fundaram os primeiros núcleos de comunicação, numa época em que ainda não existia o rádio – a Rádio MEC, a primeira do Brasil, foi criada somente em 1923, pelo antropólogo Edgard Roquette-Pinto. Desses núcleos brotaram as ligas operárias. O fim da grande influência do anarquismo e da imprensa anarcossindicalista no Brasil aconteceu a partir de 1935.

PUBLICAÇÕES DE IMIGRANTES

No passado, muitos imigrantes contrários ao anarquismo e que não se interessavam tanto por política ou pelo sindicalismo, tinham outras necessidades mais urgentes ao chegar ao Brasil: se comunicar em seu próprio idioma, encontrar trabalho, moradia e informações sobre documentação. Dessa necessidade surgiram boletins, jornais e revistas das colônias de imigrantes, escritos sempre na língua natal – que podia ser japonês, italiano, árabe ou russo – como uma maneira de manter viva a identidade cultural destes grupos. As publicações tratavam de assuntos diversos, porém todos eram de interesse daquela comunidade de imigrantes.

Segundo registros do Museu da Imigração do Estado de São Paulo, até 1940 – período que compreende também a chamada migração em massa, responsável por 70% do volume total de pessoas deslocadas entre os anos de 1880 e 1921 – cerca de 4,7 milhões de estrangeiros tinham chegado ao território brasileiro. De 1944 a 1953, os imigrantes estavam assim representados no Brasil: 14,4% de espanhóis; 18,3% de italianos; 1,1% de japoneses; e 41,1% de portugueses. Os jornais de colônia tiveram para os primeiros imigrantes uma função fortemente socializadora, levando ao conhecimento de todos os valores estabelecidos no novo país.

De acordo com o sociólogo e pesquisador espanhol Manuel Castells, as comunidades são construídas por meio da ação coletiva e preservadas pela memória também coletiva, constituindo fontes específicas de identidade, o que o sociólogo define como "identidade cultural comunal", que pode ser de cunho religioso, territorial ou nacional, mas sempre construída culturalmente. Para Castells, essas identidades consistem em reações defensivas contra as condições impostas pela desordem global e pelas transformações, incontroláveis e em ritmo acelerado. Os jornais de imigrantes, por sua vez, são um tipo de manifestação dessa "identidade cultural comunal".

Uma das publicações mais antigas registradas no Brasil foi o jornal *Giovine Itália*, escrito em italiano, no Rio de Janeiro, em 1825. No Rio Grande do Sul, de 1852 a 1941, circularam 144 jornais e revistas em língua alemã. Pará, Espírito Santo, Minas Gerais, Pernambuco e Bahia também tinham periódicos voltados a estrangeiros na primeira metade do século XX, entretanto, São Paulo era onde mais se podia ler as publicações "de colônia".

Em São Paulo, estado que recebeu o maior número de imigrantes, a imprensa de colônia produziu, nas últimas décadas do século XIX até os anos 1920, 149 jornais – 127 deles feitos na capital paulista, 60 em idiomas diversos, sendo que apenas 5 deles não eram escritos em italiano. Um exemplo é o periódico japonês *Nippak Shimbun* (1917), publicado três vezes por semana e vendido em bancas de jornal no tradicional bairro oriental da Liberdade, que tinha uma tiragem de cerca de 30 mil exemplares. A imprensa árabe no Brasil também surpreendia. Antes de 1933 foram registrados 95 jornais e revistas, sendo que os primeiros jornais escritos em árabe no país foram o *Al-Faiáh* (1895), fundado em Campinas, e o *Al-Brasil*, criado em Santos seis meses depois.

A maioria dessas publicações era comercializada em bancas de jornal nos bairros tradicionais de cada comunidade de imigrantes, mas também podia ser encontrada em pontos de venda específicos, como em lojas de patrícios. Alguns periódicos mantinham até um sistema de assinatura com entrega em domicílio. Havia anúncios publicitários, uma maneira de obter receita extra e de divulgar os negócios entre os próprios membros da colônia.

Alguns jornais eram distribuídos gratuitamente e financiados exclusivamente pelo dono e editor, ou por alguma associação ou entidade. Entretanto, em quase todos os impressos voltados aos imigrantes, independentemente da nacionalidade, as pautas giravam em torno dos mesmos tópicos: política, religião, agricultura, questões do cotidiano da comunidade (exploração do trabalho, denúncias de maus-tratos dos donos das fazendas, festas, casamentos, nascimentos), avisos do consulado sobre acontecimentos importantes no país de origem, documentação e anúncios de emprego. Também havia espaço para a publicação de poesias e crônicas enviadas pelos leitores.

Mas se no passado diversas publicações para imigrantes poderiam até ser consideradas comunitárias em seus métodos de concepção, confecção e distribuição, nas produções comunicacionais atuais voltadas para o público estrangeiro, isso não ocorre mais, especialmente devido ao caráter comercial e mais pulverizado desses meios de comunicação.

IMPRENSA ALTERNATIVA

Conceitualmente, comunicação popular, alternativa, comunitária e/ou radical se confundem. A confusão ocorre porque, apesar de denominações diferentes, na prática, a estratégia de produção e os processos de comunicação desenvolvidos são os mesmos, ou muito semelhantes. Entretanto, a imprensa alternativa passa a ser uma comunicação inclusiva, com premissas comunitárias, ao produzir também veículos de nicho para públicos específicos, normalmente ignorados pela mídia tradicional, como as questões indígenas, feministas e voltadas ao público LGBTQIAP+, como veremos em alguns exemplos a seguir. De uma maneira mais simples, podemos afirmar que a imprensa alternativa é um galho da grande árvore chamada comunicação comunitária.

A imprensa alternativa marcou época durante o regime militar no Brasil com jornais que aspiravam por mudanças na sociedade. Entre os anos 1960 a 1980, décadas que compreendem o período de ditadura militar em grande parte dos países da América Latina, inclusive no Brasil, o termo "comunicação alternativa" era igualmente utilizado para designar a comunicação popular e a imprensa não alinhada à mídia tradicional. Foi um período em que muitos dos grandes jornais eram coniventes às versões oficiais do governo por opção político-ideológica, ou pelo medo, sob o peso da ditadura.

Em alguns dos maiores periódicos do país, como *O Estado de S. Paulo* e *Folha de S.Paulo*, os jornalistas criaram mecanismos para manifestar oposição. Uma forma de se opor à censura era publicar poemas ou receitas de bolo (sempre incompletas), em meio às notícias. Às vezes as páginas tinham até quatro receitas de quitutes, que preenchiam os espaços que deveriam ser ocupados por informações sérias sobre política, sociedade e economia, todas censuradas. Foi a maneira encontrada pelos profissionais de comunicação para sinalizar aos leitores de que algo estava errado, que os censores estavam nas redações impedindo a publicação de reportagens sobre mortes, desaparecimentos e até epidemias, como um surto de meningite que matou centenas de crianças no Brasil nos anos 1970 e teve sua divulgação proibida.

A pesquisadora brasileira Regina Festa afirma que a imprensa alternativa engloba o jornalismo alternativo praticado no contexto dos movimentos populares; já a imprensa "popular" está ligada a organismos comprometidos com as causas sociais, mas com publicações mais bem elaboradas e com tiragens maiores, como a imprensa político-partidária, a sindical combativa e o jornal alternativo propriamente dito.

Esse último seria uma produção independente e não alinhada a governos, nem a entidades de classe ou partidárias e ao modo de operar da grande mídia.

Nesse cenário, a imprensa alternativa representada pelos pequenos jornais e revistas ousava criticar a realidade ditada pelos generais que comandavam o país e fazer contestações, muitas vezes usando o humor e a ironia como ferramentas de protesto. São exemplos desse tipo de publicação a revista *Pif-Paf*, que circulou em 1964, criada pelo desenhista e humorista Millôr Fernandes (1923-2012), e que publicava críticas sobre política e costumes; o *Pasquim* (1969-1991) igualmente se utilizava de ironia para combater a ditadura militar e sua política linha-dura – chegou a vender 200 mil exemplares por semana, com textos e ilustrações feitos por nomes de peso, como Ziraldo, Henfil, Ivan Lessa, Chico Buarque, Caetano Veloso, Chico Anísio e Antonio Callado. Também vale destacar o jornal *Opinião* (1972-1977), um tabloide político e cultural semanal, lançado no Rio de Janeiro, que tinha entre seus colaboradores jornalistas, intelectuais, lideranças partidárias e de outros setores da oposição.

O *Coojornal* (1975-1982) foi um periódico mensal, editado pela Cooperativa dos Jornalistas de Porto Alegre. Obteve destaque pela qualidade editorial e pelo compromisso de abordar temas condenáveis pela censura. O jornal *Versus* (1974-1979), por sua vez, foi inspirado em publicações como a revista *Crisis*, do escritor e jornalista uruguaio Eduardo Galeano, autor do livro *As veias abertas da América Latina,* publicado em 1971 e proibido pelos governos ditatoriais do Uruguai, do Brasil, do Chile e da Argentina. O *Versus* unia jornalismo, literatura, poesia, fotografia e quadrinhos.

Todas essas publicações eram encabeçadas e elaboradas por jornalistas de esquerda e que buscavam um novo projeto social com base na comunicação. Eles procuravam informar criticamente a população sobre temas de interesse nacional e assuntos que costumavam passar à margem da mídia hegemônica. A distribuição não era gratuita e as edições eram vendidas em bancas de jornal, por assinaturas e em locais de grande movimento, como as universidades.

Para o jornalista e cientista político brasileiro Bernardo Kucinski, a imprensa alternativa surgiu a partir da articulação de duas forças igualmente compulsivas: o desejo das esquerdas de protagonizar as transformações institucionais que propunham e a busca, por parte de jornalistas e intelectuais, de espaços alternativos à grande imprensa e à universidade. Esse tipo de manifestação também ocorria em outros formatos, como o teatro popular, a literatura de cordel, os alto-falantes instalados em praças, folhetos, cartilhas e carros de som.

Algumas publicações eram dirigidas a nichos específicos: o *Mulherio* (1981-1988) foi um jornal feminista que discutia temas polêmicos, como o aborto; o jornal *Chana com Chana* (1981 a 1987), dirigido ao público feminino lésbico, era publicado pelo Grupo Lésbico Feminista e, posteriormente, pelo Grupo de Ação Lésbico-Feminista (GALF). Outro exemplo de publicação segmentada é o *Jornal Porantim*, do Conselho Indigenista Missionário (CIMI), criado em 1979 e que existe até hoje (https://cimi.org.br/jornal-porantim/), abordando a questão indígena.

Entre os segmentos ligados à imprensa político-partidária, tiveram grande representatividade os jornais *Voz da Unidade* (1980-1991), principal publicação Partido Comunista Brasileiro (PCB), com foco na redemocratização do Brasil; e a

Tribuna da Luta Operária (1979-1988), produzido pela Editora Anita Garibaldi Ltda. e distribuído a partir do estado de São Paulo. Era vendido nas portas de fábricas, em bancas de jornal e em diversos sindicatos, e sua tiragem semanal variava entre 5 mil e 50 mil exemplares.

COMUNICAÇÃO POPULAR

A comunicação popular representa uma forma alternativa de se comunicar e tem sua origem nos movimentos sociais surgidos entre 1970 e o começo dos anos 1990, no Brasil e na América Latina. Por aqui sempre existiram movimentos sociais de diferentes matizes e, na era pós-ditadura, passaram a ser agrupados em categorias a partir de diversos fatores motivadores a cada causa. Entretanto, independentemente da motivação, todos buscam promover a conscientização, a organização e a ação de segmentos menos favorecidos nas sociedades, com uma comunicação própria e independente que visa auxiliar a conquista desses objetivos.

Dentre as principais premissas dos movimentos populares até hoje estão a promoção do desenvolvimento educativo-cultural dos cidadãos; a contribuição para a preservação ou recuperação do meio ambiente; além de assegurar os direitos de cidadania e participação política na sociedade, incluindo o direito à comunicação. A partir dos anos 1990, esse tipo de mídia ampliou sua representatividade em rádios, canais de TVs a cabo e, posteriormente, na internet. Ao mesmo tempo, as pautas e questões da comunicação popular também passaram a ser mais recorrentes na mídia convencional, tanto na comercial, quanto na educativa.

Dessa forma, os movimentos populares começaram a marcar presença no noticiário diário e questões que antes eram ignoradas, ou mal ganhavam destaque – como reforma agrária, moradores em situação de rua, direitos e manifestações da comunidade LGBTQIAP+, ocupações populares –, hoje fazem parte do cotidiano da cobertura midiática. Líderes e membros de movimentos sociais passaram a dar entrevistas como porta-vozes de suas respectivas atuações, além de contar histórias de projetos bem-sucedidos. As ações de alguns movimentos sociais foram aos poucos permeando a programação da imprensa tradicional, nem sempre retratadas em tons favoráveis, diga-se, mas ao menos abriu-se uma agenda de interesse legítimo por essas notícias, que por sua vez ganharam destaque nas discussões da sociedade civil e no âmbito da política, onde as leis são votadas e decisões para mudanças, tomadas.

Surgiram espaços midiáticos, principalmente em rádios locais, ou regionais, para a difusão de programas próprios produzidos por organizações populares, ou em entidades aliadas, como a paulistana Oboré Projetos Especiais, uma iniciativa surgida em 1978 como uma cooperativa de jornalistas e artistas, criada para colaborar com os movimentos sociais e de trabalhadores urbanos na montagem de seus departamentos de imprensa e na produção de jornais, boletins, revistas, campanhas e planejamento de comunicação. Cartunistas importantes, como Glauco e Laerte, fizeram parte da formação original da equipe colaboradora.

Nos anos 1990, a Oboré ampliou sua atuação com trabalhadores rurais e no desenvolvimento de mais propostas para rádio – entre 1993 e 2003, foram produzidas cerca de 600 horas de gravação de programas de rádio do movimento sindical de trabalhadores rurais. Tudo está disponível no acervo digital que pode ser acessado no site da empresa, que segue produzindo conteúdo e projetos na área de comunicação e já ganhou vários prêmios de jornalismo.

Outro exemplo de meios alternativos de comunicação é o Intervozes – Coletivo Brasil de Comunicação Social, uma organização cujo objetivo é a efetivação do direito humano à comunicação no Brasil. O coletivo foi criado em 2002, reunindo ativistas, profissionais e estudantes de Comunicação Social. Em 2003, tornou-se uma associação civil sem fins lucrativos e hoje tem membros distribuídos em 15 estados brasileiros, atuando nas áreas de comunicação, direito, arquitetura e artes.

Suas principais frentes de atuação envolvem o trabalho pela formulação, difusão e disputa de um ambiente regulatório e políticas públicas – em especial de um sistema nacional de comunicações – que materializem o interesse público e a democracia e que respeitem, promovam e protejam o direito humano à comunicação. Há, ainda, projetos ligados às telecomunicações e internet, radiofusão e direitos humanos. E também ações de comunicação pública e popular com o fortalecimento de canais, coletivos e grupos que produzem comunicação impressa, radiofônica, televisiva e digital.

MÍDIA ALTERNATIVA AMBIENTAL

Os movimentos ambientalistas e o ativismo ambiental representam outra importante vertente da mídia alternativa que se fortaleceu no final do século XX a partir de mobilizações sociais. As "pautas verdes" passaram a ter ressonância mundial e aceitação social a partir da década de 1960, quando os movimentos ambientalistas assumem papel de relevância discutindo, inicialmente, temas como o combate da poluição e a preservação dos recursos naturais, sem abordar ainda a temática social. A partir da década de 1980, outras pautas entraram na agenda ambientalista, como a superação da pobreza, a participação e o controle social do desenvolvimento global.

Desde então, vem ocorrendo o fortalecimento das organizações não governamentais, as ONGs, entidades do terceiro setor, ou seja, associações civis e de direito privado, cuja função é desenvolver trabalhos sem fins lucrativos em áreas de atuação bastante diversificadas, abrangendo qualquer assunto de interesse social, como saúde, educação, meio ambiente, questões urbanas, gênero, direitos indígenas, direitos dos animais, mas geralmente em áreas em que o Estado não cumpre bem o seu papel para com a sociedade.

As ONGs ambientais, especificamente, têm por finalidade a defesa do meio ambiente e o combate à sua destruição, o desenvolvimento de pesquisas, a educação ambiental, a difusão de conhecimento e a integração socioambiental, dentre outras abordagens. Elas costumam estar próximas das comunidades e seus problemas, geram estratégias e projetos para melhorar a qualidade de vida das pessoas e do meio ambiente, desenvolvendo meios de educar, trabalhar e preservar a natureza. Outra finalidade dessas organizações é fiscalizar as instituições governamentais responsáveis pelas questões e leis que envolvem o meio ambiente. Muitas recebem financiamentos de órgãos públicos e privados para viabilizar seu trabalho.

O ativismo ambiental acabou se consolidando nos anos 1990, nos Estados Unidos, em alguns países da Europa e também no Brasil. Por aqui, um dos exemplos mais significativos é o da organização não governamental ambiental Fundação SOS Mata Atlântica (https://www.sosma.org.br/), criada em 1986 por cientistas, empresários, jornalistas e defensores da questão ambiental, tendo como objetivo a preservação de áreas remanescentes da Mata Atlântica e a valorização da identidade física e cultural das regiões brasileiras com esse tipo de bioma. A SOSMA segue atuante em suas ações e projetos, sobrevivendo à base de doações, projetos patrocinados e parceiros. A ONG mantém site, redes sociais, cartilhas, produções em vídeo e demais produtos midiáticos sempre atualizados com conteúdo sobre as ações da entidade e a progressão de devastação da Mata Atlântica.

De uma maneira mais abrangente, podemos afirmar que as principais ONGs mundiais ligadas ao movimento ambientalista já nasceram com um pé no sistema de comunicação global, ganhando espaço na mídia convencional graças às suas atuações e também às divulgações feitas pelos seus membros, com equipes próprias de jornalistas, cinegrafistas, fotógrafos e escritores – a maioria atuando de forma voluntária. Um exemplo é o Greenpeace, entidade criada em 1971 por 12 pessoas, entre elas jornalistas, hippies e ecologistas.

Naquele ano, o grupo partiu de Vancouver, no Canadá, a bordo de um barco de pesca rumo ao Ártico para testemunhar e tentar impedir testes nucleares realizados pelos Estados Unidos perto da Ilha de Amchitka, no Alasca. A embarcação foi barrada pela guarda costeira e eles não conseguiram concluir seu objetivo. Entretanto, a viagem não foi inteiramente perdida, já que a ação ganhou espaço na mídia, conseguiu apoio popular e o barulho feito foi capaz de suspender os testes nucleares na ilha, tornando-a um santuário de pássaros. Desde sua primeira ação, o Greenpeace percebeu o poder da imprensa e da pressão popular para o sucesso das causas ambientais. A partir daí, todas as ações da entidade se tornariam "instagramáveis" para chamar a atenção da mídia e da sociedade civil.

Atualmente, o Greenpeace está presente em mais de 55 países e desenvolve campanhas globais coordenadas. Eles divulgam informações e buscam conscientizar as pessoas sobre crimes ambientais; incentivam a mobilização social e fazem articulação política para diversas causas, sempre de maneira independente. A ONG chegou ao Brasil em 1992, ano em que o país abrigou a primeira e a mais importante conferência ambiental da história, a Eco-92. A Conferência Eco-92, ou Rio-92, foi a primeira Conferência das Nações Unidas sobre Meio Ambiente e Desenvolvimento, realizada no Rio de Janeiro, e obteve desdobramentos importantes.

O evento recebeu delegações de 175 países e foi um divisor de águas, introduzindo definitivamente a conscientização ambiental e ecológica na agenda dos cinco continentes. O principal documento validado pelo encontro foi a Agenda 21 – uma série de políticas e ações que tinham como base o compromisso com a responsabilidade ambiental. Destacava as mudanças necessárias aos padrões de consumo, a proteção dos recursos naturais e o desenvolvimento de tecnologias capazes de reforçar a gestão ambiental dos países. O documento também pedia atenção para questões como dinâmica demográfica, habitação, lixo, proteção à saúde, uso da terra, saneamento básico, transportes sustentáveis, eficiência energética, poluição urbana, proteção a grupos desfavorecidos e minorias, transferência de tecnologia dos países ricos para os pobres.

Depois dessa conferência, os meios de comunicação de massa passaram a conceder às temáticas ambientais um espaço que antes não existia, fazendo do meio ambiente um tema tão recorrente que até batizou um novo gênero jornalístico, o Jornalismo Ambiental. E, fora da grande imprensa, as ONGs ambientalistas garantiram que suas ações fossem amplamente documentadas e divulgadas graças à popularização da internet, a ferramenta de comunicação ideal para organizar e mobilizar ações sociais em todo o mundo. Com o crescimento e consolidação das tecnologias da informação e comunicação (TICs), o ambientalismo – bem como todas as outras bandeiras de movimentos sociais – passou a contar com novos instrumentos de ação, reivindicação e repercussão, atingindo um número de pessoas em escala global e mantendo uma relação interativa com elas. Basta ter um smartphone e uma conexão com a internet.

EDUCOMUNICAÇÃO

O educador brasileiro Paulo Freire (1921-1997) afirmava que comunicação é um ato pedagógico e a educação é um ato comunicativo. Essa frase sintetiza bem as inter-relações entre comunicação e educação que originaram o termo *educomunicação*. A ideia da fusão entre essas duas áreas nasceu nos anos 1960 e recebeu diversos nomes ao redor do mundo. Os termos *media education*, usado na Europa até hoje; *media literacy*, nos Estados Unidos; e *leitura crítica da comunicação* foram adotados na América Latina até 1980, quando a palavra *educomunicação* foi cunhada.

Seus principais precursores na América Latina foram Paulo Freire e o educomunicador argentino Mario Kaplún, que entre os anos 1960 e 1970 já trabalhavam com as interfaces entre comunicação e educação, além do uso das tecnologias, para mostrar que os meios de comunicação podem ser utilizados para melhorar a formação das pessoas. As bases da educomunicação são o diálogo e a participação das pessoas na ação no mundo – ou ao menos da realidade ao seu redor –, a necessidade de ser e agir enquanto protagonista e participante dos processos da comunicação, mantendo atitude crítica na recepção dos conteúdos midiáticos da grande imprensa.

Para o argentino, as mensagens são produzidas para gerar uma reflexão, uma tomada de consciência em relação à própria realidade, fazendo do processo educativo uma experiência de formação transformadora, tanto para educadores quanto para estudantes. Ele propôs três modelos de comunicação: o bancário, no qual o aluno é apenas receptor, depósito das informações; o focalizado nos efeitos, no qual o estudante é receptor das mensagens a ele destinadas e moldado de acordo com objetivos previamente estabelecidos; e o da educação transformadora, que valoriza o diálogo como fator de mudança e reconhece não apenas a construção do conhecimento, mas também o ambiente social de quem está aprendendo.

Nesse sentido, os meios de comunicação (impresso, rádio, televisão, internet) são utilizados como instrumentos para uma educação popular, ferramentas desse processo educativo transformador. Não por acaso, um dos pilares da educomunicação é a apropriação das tecnologias. Na prática de atividades educomunicativas em um passado não muito distante, era comum o uso de projetor de *slides*, gravador de fitas cassete, filmadoras caseiras, filmes VHS e videocassetes, CDs, DVDs e outros artefatos hoje considerados ultrapassados, mas ainda em uso em localidades com menos recursos e sem conexão com a internet, por exemplo. Mario Kaplún criou até um método de ensino com gravadores domésticos: o cassette-foro, aplicado em diferentes países latinos no combate ao analfabetismo adulto em organizações populares. Ele relatou essa experiência no livro *Comunicación entre grupos: el método del cassette-foro*, publicado em 1984.

A chegada da internet, da conexão banda larga e dos smartphones aposentaram todos aqueles artefatos, que foram substituídos por sites, blogs, vlogs, apps, canais no YouTube e outras produções filmadas e gravadas com o celular. Entretanto, não se trata apenas de adotar novas tecnologias. Também é preciso compartilhar o conhecimento das linguagens e das técnicas e não considerá-las apenas meros suportes tecnológicos. Em um mundo plural e multimidiático é importante educar para saber escolher o que ver, o que ouvir, o que ler e por onde navegar. E depois separar o joio do trigo nesse oceano de informações. A escolha daquilo que consumimos na mídia, e como lidamos com essas informações, faz parte do processo de educação transformadora, pois incita à reflexão e a questionamentos dentro da comunidade onde se vive. E em tempos de *fake news*, essas técnicas acabam contribuindo para uma blindagem extra contra as notícias falsas, ou notícias fraudulentas, pura desinformação movida por motivos pouco nobres.

PROJETOS DE SUCESSO EM EDUCOMUNICAÇÃO

Em programas de educomunicação, a aprendizagem acontece justamente na participação, no envolvimento, na investigação e todos os envolvidos (não apenas os estudantes), fazendo perguntas e buscando respostas além daquelas prontas, do ensino tradicional. A participação protagonista do cidadão em todas as fases da comunicação é propícia à formação de processos educomunicativos favoráveis ao desenvolvimento do exercício da cidadania. Desse modo, a oportunidade de aprendizado não é feita apenas pelas mensagens divulgadas, mas também pelo envolvimento direto na sua produção e difusão, como nos exemplos que veremos a seguir.

Ao longo das décadas, vários projetos de educomunicação foram implantados com sucesso no Brasil. Um dos mais emblemáticos foi desenvolvido no Núcleo de Comunicação e Educação da Universidade de São Paulo (NCE/ECA-USP), sob a coordenação do professor Ismar de Oliveira Soares – presidente de honra do NCE. O Núcleo nasceu em 1996, reunindo um grupo de professores de várias universidades brasileiras interessados na inter-relação entre comunicação e educação. Iniciativas como o Educom.TV e o Educom.rádio procuravam capacitar professores e estudantes da rede municipal de ensino de São Paulo a utilizarem linguagens audiovisuais em sala de aula para aplicar na prática os princípios da educomunicação.

O projeto Educom.rádio: A Educomunicação Pelas Ondas do Rádio foi implantado entre 2001 a 2004, no formato de curso, para atender cerca de 11 mil professores, alunos e membros das comunidades escolares de 455 colégios públicos da capital paulista, em uma parceria entre o NCE/ECA-USP e a Secretaria Municipal de Educação de São Paulo. O programa incluía palestras e debates para os professores e coordenadores das escolas, ministrados por docentes da USP, provenientes de diversas áreas do conhecimento, além de profissionais de comunicação.

Os temas abordavam linguagens da comunicação, pluralidade cultural, meios de comunicação e mediações e práticas educomunicativas. Enquanto isso, os estudantes participavam de atividades práticas, como oficinas de produção radiofônica, de vídeo, de jornal mural e de análise crítica da mídia. A princípio, o objetivo das práticas era combater a violência e favorecer a construção de uma cultura de paz nas escolas, muitas delas localizadas em bairros periféricos e carentes.

Ao longo do programa, realizado aos sábados, fora da grade curricular, todos os envolvidos puderam refletir sobre temas que no cotidiano da educação tradicional acabavam passando batido. Na sala de aula convencional não havia espaço – nem tempo – para pensar sobre como a comunicação está inserida no ambiente escolar, como se expressam os professores, alunos e funcionários, como os recursos tecnológicos fazem parte do cotidiano dos processos de ensino e aprendizagem.

Os estudantes tiveram a oportunidade de ressignificar o papel da escola e de seu próprio *status* dentro do ambiente escolar e as práticas proporcionaram o resgate da autoestima, valorizando os saberes e o local de fala de cada um. Ao fim do projeto, formaram-se educomunicadores, pessoas mais sensibilizadas para uma gestão democrática da escola, com troca de conhecimentos entre adultos e jovens e aprendizado por parte de todos os envolvidos: profissionais do NCE, alunos e professores e membros da comunidade acadêmica.

Por sua vez, em 2002, o projeto Educom.TV também foi desenvolvido pelo o NCE/ECA-USP, fruto de uma parceria da Secretaria da Educação do Estado de São Paulo por meio da Gerência de Informática Pedagógica (GIP)/Fundação para o Desenvolvimento da Educação (FDE). O programa contou com a participação de 2.243 professores, coordenadores pedagógicos e diretores de mais de 1.024 escolas da rede estadual de São Paulo. Seu objetivo era capacitar professores da rede pública para o uso de linguagens audiovisuais.

Para isso, os docentes deveriam desenvolver um olhar crítico em relação à produção midiática com base em programas da TV aberta e da TV Escola, um canal de televisão do Ministério da Educação que capacita e atualiza educadores da rede pública desde 1996. Os participantes também exercitavam a mediação tecnológica através do computador, a comunicação em rede e a construção do conhecimento. As atividades foram desenvolvidas on-line, com aulas à distância, durante sete meses, e os resultados deram origem à elaboração de 980 projetos interdisciplinares.

Na região Nordeste, outro exemplo de sucesso com educomunicação é o feito na Bahia pelo Movimento de Educação Comunitária (MOC) (https://www.moc.org.br/inicial). A entidade civil educacional, voltada para o desenvolvimento sustentável da sociedade, surgiu em 1967 e até hoje atua em mais de 35 municípios do semiárido baiano com os seguintes públicos: trabalhadores rurais, agricultura familiar, pequenos produtores urbanos, professores rurais, organizações populares, comunidades tradicionais, mulheres, crianças e adolescentes em situação de risco. O projeto começou com o objetivo de combater o trabalho de crianças e adolescentes através do Programa de Erradicação do Trabalho Infantil (PETI), em programas de rádio veiculados em emissoras comunitárias e no jornal Giramundo (https://www.moc.org.br/publicacoes/giramundo), produzido pelo MOC, com a participação ativa de crianças e adolescentes.

Divulgação

GIR MUNDO

Jornal Giramundo . nº 25 . Ano 09 . Dezembro de 2009

Fortalecendo as Redes Sociais na Região Sisaleira

Mais de 1.900 conselheiros capacitados na Bahia. pg 2

Comunicação pelos direitos: Comunidades Rurais recebem rádios postes na busca do fortalecimento de direitos das crianças e adolescentes. pg 8

Jornal *Giramundo*: desenvolvido na Bahia pelo Movimento de Educação Comunitária (MOC), estimula a participação de crianças e adolescentes na produção midiática.

Atualmente, o Movimento de Educação Comunitária trabalha com cinco programas fixos, nos quais a educomunicação permeia, ou norteia, os modos de atuação: Programa Água, Produção de Alimentos e Agroecologia (PAPAA); Programa de Desenvolvimento Institucional (PDI); Programa de Fortalecimento de Empreendimentos Econômicos Solidários (PFEES); Programa de Gênero, Geração e Igualdade Social (PGIR); e o Programa de Educação do Campo Contextualizada (PECONTE), que garante formação continuada para professores e coordenadores de escolas em áreas rurais, promove intercâmbios culturais entre os jovens e desenvolve projetos de mídias educativas como programas de rádio, boletins e jornais – como o Giramundo. O objetivo é estimular a participação ativa de crianças e adolescentes, promovendo a reflexão crítica dos conteúdos veiculados na grande mídia.

Como fazer comunicação comunitária

Respeito, humildade, mente aberta, resiliência, interesse legítimo pela causa escolhida, vontade de ensinar, mas sobretudo de aprender. Resumidamente, esses são os atributos necessários para se fazer comunicação comunitária em qualquer uma das suas vertentes. Como já vimos no capítulo anterior, há diversas maneiras de se fazer comunicação comunitária no Brasil: educomunicação, mídia alternativa, imprensa social, comunicação popular. Em geral, o papel do jornalista, ou do radialista, ou do técnico de rádio e TV, é o de capacitar grupos, comunidades, ONGs, pessoas ligadas a projetos e programas de comunicação comunitária para que a própria comunidade conduza suas produções. Porém, nem sempre são os profissionais de comunicação que encabeçam essas iniciativas.

Por exemplo, no citado projeto Educom.rádio: A Educomunicação Pelas Ondas do Rádio, organizado e promovido pelos professores da NCE/ECA-USP no começo dos anos 2000, havia psicólogos, professores de Geografia, dentistas e profissionais de dezenas de outras áreas, muito além da comunicação e da educação, que participaram das oficinas de formação e depois compartilharam esse conhecimento nas escolas ligadas ao projeto, na linha de frente com professores, funcionários e estudantes. Como base dessas atuações, havia troca de informações e conhecimentos, interesse em saber mais sobre as pessoas das escolas integrantes do programa e interação em todos os momentos. E aí reside o começo de toda a comunicação comunitária: trabalhar em conjunto para obter a transformação social.

Quem não faz parte de uma comunidade costuma iniciar a atuação em comunicação comunitária por meio de trabalho voluntário. Porém, recomenda-se àqueles de fora que não caiam no pecado da soberba: ninguém é portador "da luz, da verdade, da libertação" ao integrar um projeto de comunicação comunitária. Muitos voluntários podem saber tudo sobre técnicas de entrevista, escrita, edição, foto, diagramação, áudio e vídeo, redes sociais. E isso é ótimo, porque são conhecimentos valiosos e serão muito úteis. Entretanto, quem não vive a mesma realidade daquele grupo provavelmente não sabe nada sobre construção de cisternas, como é a vida cotidiana em uma favela, nem como funciona uma ONG que trabalha com pessoas trans em situação de rua, por exemplo.

E tudo bem! Basta estar disposto a aprender e ter interesse legítimo pelas pessoas, suas causas e comunidades. Deixe em casa o pensamento romântico de salvar o mundo com um smartphone na mão, boas intenções e um monte de ideias sensacionais na cabeça. O trabalho e os conhecimentos de quem chega de fora são bem-vindos e podem colaborar para transformar para melhor a vida de muita gente, mas o conceito que deve nortear tudo é a participação efetiva das pessoas do grupo desenvolvedor do projeto. Vale lembrar que a comunidade é protagonista e destinatária dessa comunicação, e seus integrantes devem controlar os processos comunicacionais em todas as etapas.

Para que isso ocorra de maneira efetiva, é necessário que esses cidadãos percebam os benefícios de se fazer comunicação comunitária. Em seguida, começa a organização da ação, sendo que o processo produtivo estará diretamente ligado ao engajamento dessa comunidade, que precisa mobilizar-se para construir suas bases de comunicação e conseguir os resultados desejados, que podem ser variados: desde a promoção da cultura local, o resgate da cidadania e outras necessidades que vão mudar de projeto a outro. Nesse processo de construção, é preciso respeitar, cultivar e valorizar as diversidades das pessoas envolvidas em uma constante troca de aprendizado e experiências.

A decisão de trabalhar com comunicação comunitária vai depender muito dos objetivos de cada profissional de comunicação. É preciso fazer a seguinte pergunta: quero atuar como voluntário, colaborador esporádico ou mergulhar de cabeça e construir uma carreira nesse universo? O jornalista, ou estudante de jornalismo e outras áreas afins, inicialmente exerce suas atividades sem remuneração, durante alguns dias, ou horas, por semana. Esse trabalho costuma ser realizado em jornais de projetos sociais, emissoras de rádios e TVs comunitárias já estabelecidas. Ou em comunidades e entidades menores, como associações ligadas a alguma questão local: imigrantes em situação de refúgio, moradores em situação de rua, abrigo de animais, educação para crianças e adolescentes em vulnerabilidade social etc.

O diferencial de um profissional de comunicação nessa atuação é que ele tem o conhecimento e as técnicas para utilizar de maneira mais assertiva dentro de projetos de comunicação comunitária. No caso de trabalho voluntário, esses saberes farão diferença no tipo de atividade a ser realizada dentro de um projeto. Quem busca construir uma carreira dentro da comunicação comunitária normalmente o faz pelos caminhos onde há maior oferta de trabalho remunerado: as ONGs, os veículos da mídia alternativa e da comunicação popular, especialmente aqueles ligados às questões ambientais, socioambientais, sindicais e político-partidárias.

As ONGs ligadas ao meio ambiente e com infraestrutura consolidada, como Greenpeace Brasil, WWF Brasil, Instituto Socioambiental (ISA), Projeto Saúde e Alegria (PSA), Instituto de Pesquisas Ecológicas (IPÊ) e Fundação SOS Mata Atlântica, por exemplo, contratam jornalistas. Organizações não governamentais de renome aceitam trabalho voluntário, mas também têm equipes de profissionais e estagiários, mantendo um quadro fixo de colaboradores, ou de *freelancers* remunerados, para coordenar e produzir seus conteúdos.

Vários projetos de comunicação comunitária também têm início no ambiente universitário, quando os profissionais de comunicação participam de programas de pesquisa e ações ligadas às suas respectivas universidades, na graduação ou na pós-graduação. No caso de instituições de ensino públicas, as atividades não têm remuneração, mas estão dentro do escopo de projetos de pesquisa, com bolsas de estudo e custos que costumam ser subsidiados. Nos cursos de graduação das instituições privadas, todo o trabalho é voluntário e feito sem subsídios, dentro do escopo de alguma disciplina ligada ao tema.

E obter dinheiro para viabilizar os projetos é sempre um grande desafio na produção da comunicação comunitária. Geralmente os veículos, entidades, comunidades e ONGs contam com doações, verbas públicas e apoios culturais para custear seus gastos, incluindo aqueles com comunicação. As empresas apoiadoras, no caso de veículos com concessão pública, como emissoras de rádios ou canais de TV, precisam atuar na mesma região de circulação/alcance da mídia comunitária, regra que pode restringir a obtenção de auxílio financeiro. Já os veículos comunitários como revistas e jornais impressos, internet e outros meios alternativos, como murais, cartazes, carros de som, não têm essas limitações e devem buscar patrocinadores apenas como forma de manutenção do trabalho.

Algumas iniciativas maiores e mais bem estruturadas tendem a receber mais investimentos de parceiros ou de entidades que financiam programas de fomento à mídia independente, promoção da democracia, redução do racismo e da pobreza, como Fundação Ford, Open Society Foundations, Unesco, entre outras. Nesses casos, os colaboradores são remunerados e sua forma de trabalho pode ser como *freelancer* ou por meio de um contrato convencional CLT ou PJ, com dedicação integral e exclusiva.

Outra vertente passível de profissionalização é por meio da iniciativa pública, em que há editais de vagas em concursos, associadas a projetos de educomunicação em diversas esferas de governo: municipal, estadual e federal. Há, ainda, a possibilidade de criar uma iniciativa comunitária própria, como veremos no capítulo seguinte. Seja qual for sua escolha, veja como começar:

14 passos para trabalhar com comunicação comunitária

1. Escolha uma causa com a qual se identifique e pesquise tudo sobre ela. Não precisa ir do outro lado do país para isso. Seu bairro pode ter uma creche, um projeto social, uma ONG, um abrigo de animais, um centro comunitário, um templo religioso que precisa de projetos de comunicação comunitária.
2. Conheça o trabalho realizado na comunidade escolhida, suas principais necessidades e pense em como a comunicação pode ser uma ferramenta de visibilidade e transformação para fortalecer a cidadania e a valorização das pessoas e causas daquele local.
3. Se a comunidade, ONG ou entidade com a qual você se identifica já tiver um programa de comunicação comunitária estabelecido, uma boa maneira de começar é se voluntariar para trabalhar ali – não necessariamente na função de comunicador. Sempre há a necessidade de mais braços e toda ajuda costuma ser bem-vinda.
4. Identifique o que já está sendo feito e apresente possíveis soluções para aspectos da comunicação que você acha que estão descobertos ou que podem ser melhorados com o seu trabalho.

5. Em comunidades sem projeto de comunicação, o primeiro passo é entrar em contato com os líderes comunitários ou gestores de ONGs e entidades que desejam estabelecer algum tipo de ação envolvendo comunicação. Explique o que é comunicação comunitária e como esse trabalho pode ter um impacto positivo.
6. Depois, é preciso definir conjuntamente com essas lideranças locais quais tipos de produção e de mídia (impresso, digital, TV, rádio) são os mais indicados para as necessidades daquela entidade, bairro, ONG. Quais são factíveis de ser realizados e como isso pode ser feito com base em um cronograma predeterminado.
7. Organize uma oficina com os membros da comunidade que estarão diretamente envolvidos no projeto de comunicação comunitária. Esse é o momento de explicar o que será feito, como, por quê, por quem, em quanto tempo e qual será o produto final. Monte uma agenda de atividades e prazos, mas procure tocar a emoção das pessoas para fazê-las participar. Assim, essa troca de aprendizados não se torna autoritária, nem imposta.
8. Independentemente da modalidade de comunicação escolhida é preciso deixar as pessoas confortáveis com o processo de produção de comunicação comunitária. Uma forma de mobilizar o grupo durante a oficina é produzir fanzines com folhas de sulfite, papel pardo, cartolina ou qualquer outro material disponível. As pessoas podem utilizar recortes de jornais e revistas, obtidos em pontos de descarte de recicláveis e escrever à mão textos curtinhos sobre os assuntos importantes para aquela comunidade. Esse exercício contribui para integrar os envolvidos no projeto e originar ideias de pauta.

9. Dentro da equipe, descubra quem gosta (ou tem facilidade) para fotografar, diagramar, escrever, filmar, postar conteúdo nas redes sociais, falar na frente da câmera ou ao microfone. Ao revelar aptidões, os participantes ficarão mais confiantes para desempenhar suas funções.
10. Respeite a realidade das pessoas. Não adianta nada produzir um conteúdo sobre a importância de lavar as mãos se naquela comunidade falta água dia sim, outro também – a solução para essa situação é falar sobre compartilhamento de água entre os vizinhos, por exemplo. Também não vale propor a construção de um site para um público que não tem acesso à internet, nem recursos para manter esse serviço.
11. Faça um levantamento na comunidade sobre os temas importantes e que podem se transformar em pautas, com possíveis fontes de entrevistas e de imagens. A ideia é que os integrantes da comunidade produzam todo o material e você auxilie coordenando os processos.
12. Na hora de editar o material, pense na ortografia e na gramática das produções de maneira que respeite gírias, expressões locais, o modo de falar e a cultura valorizada naquela comunidade.
13. Alguns projetos precisam de investimentos para serem viabilizados. Isso pode ser obtido em plataformas de financiamento coletivo que fazem vaquinhas online ou por meio de apoio financeiro de parceiros – sempre em nome das lideranças comunitárias, ou dos gestores das entidades e ONGs.
14. Tente alcançar o maior número de pessoas da comunidade com a produção final. Ouça as críticas, elogios, sugestões e pense na produção seguinte levando em conta todo esse aprendizado.

COMUNICAÇÃO IMPRESSA

O texto ainda é a estrela principal de qualquer produto de comunicação. Até para se fazer rádio, TV e mídias digitais é preciso ter um bom roteiro, uma pauta caprichada, conteúdos nas redes sociais escritos de maneira objetiva. Todos esses atributos são obtidos apenas com uma sólida construção do texto jornalístico e a função do profissional de comunicação, no espaço comunitário, é auxiliar a comunidade a planejar e criar um conteúdo de qualidade, com informações objetivas e coerentes para o público-alvo.

Para se produzir produtos comunitários é necessário percorrer todos os caminhos tradicionais de um trabalho jornalístico, independentemente do tipo de mídia: pesquisa, apuração, entrevista, escrita, edição. Se o produto final for impresso, há ainda diagramação, foto, impressão, distribuição. Nesse caso, algumas decisões são bastante específicas para a comunicação comunitária, como o formato da publicação, o tipo de linguagem, a periodicidade e os locais de distribuição. Por isso, é importante que os membros da comunidade tenham protagonismo em todo o processo de produção. Observe no quadro quais são as partes da produção:

Formato – Qual será o formato da publicação? Jornal tabloide, mural, fanzine, revista? Essa escolha deve levar em conta as necessidades da comunidade, a disponibilidade de seus membros em atuar na publicação e também a verba disponível para a produção, pensando em custos de materiais, papel e impressão.

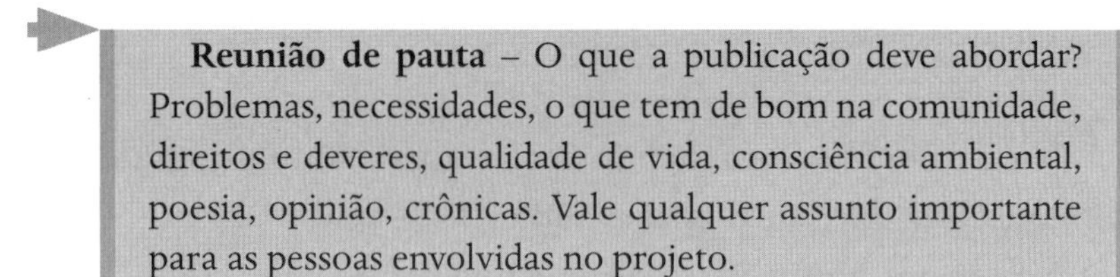

Reunião de pauta – O que a publicação deve abordar? Problemas, necessidades, o que tem de bom na comunidade, direitos e deveres, qualidade de vida, consciência ambiental, poesia, opinião, crônicas. Vale qualquer assunto importante para as pessoas envolvidas no projeto.

Edição – Deve ser feita sempre em conjunto com as lideranças comunitárias para garantir que a cultura, os saberes e as linguagens locais sejam respeitados em todos os momentos.

Imagens – O ideal é que fotos e ilustrações sejam produzidas pelos próprios membros da comunidade. É preciso ficar atento aos enquadramentos escolhidos e também não expor as pessoas que não queiram ser fotografadas – peça autorização sempre. E cuidado com a qualidade das imagens. Na diagramação já dá para perceber que fotos e ilustrações em baixa resolução perdem a nitidez e ficam desfocadas. Após a impressão, esse efeito piora.

Diagramação – O tipo de diagramação deve ir ao encontro do público-alvo da publicação. É preciso certificar-se de que a leitura esteja atrativa e confortável, com bom espaçamento, sem colunas e linhas grudadas, e se há um equilíbrio entre texto e imagens.

As produções impressas continuam sendo bastante valorizadas na prática da comunicação comunitária em suas diversas abordagens. E é a opção ideal para atingir as pessoas em projetos e comunidades sem energia elétrica e com pouco, ou nenhum, acesso à internet, como os trabalhadores rurais, populações ribeirinhas, comunidades isoladas e moradores em situação de rua. Há vários produtos impressos que possibilitam a comunicação comunitária, desde uma folha A4 com colagens de fotos e textos escritos à mão, até jornais e revistas mais elaborados, com impressão colorida, tamanhos diferenciados e material superior ao papel jornal.

Algumas maneiras de se fazer publicações comunitárias

Jornal mural – É um dos meios de comunicação impressa mais utilizados e simples de se confeccionar. Serve na divulgação de informações de utilidade pública para a comunidade, convites, avisos e assuntos de interesse local. Deve ficar exposto em um local de fácil acesso e com muito movimento, como corredores de escolas, centros comunitários, sede de ONGs, postos de saúde e entradas de igrejas. Há várias maneiras de se confeccionar um mural, que pode ter tamanhos variados. Desde uma versão diagramada e impressa (que vai depender de recursos como papel, tinta e gráfica), até um quadro de isopor ou de cortiça, onde são afixadas as fotos e páginas de conteúdo, que podem ser escritas à mão em papel sulfite.

Jornal comunitário – É um informativo impresso cuja função é informar e contribuir para a transformação do cotidiano das pessoas daquela localidade. Sua produção é feita por voluntários da comunidade, que vão elaborar as reportagens, digitar os textos, tirar fotos e diagramar esse conteúdo.

Seu formato é variável (A4, tabloide, standard) e a periodicidade pode ser semanal, quinzenal, mensal, bimestral, semestral. A publicação tem reportagens, entrevistas, seção de notas e divulga assuntos ligados à saúde, educação, cultura, vagas de emprego e tudo o que for importante para o público-alvo. A distribuição é feita na comunidade e entre os membros do projeto. Os gastos com papel e gráfica são pagos através de doações, apoio cultural de empresas do bairro ou pela própria entidade.

Arquivo pessoal

FAROL DO ABC

Ano I — São Bernardo do Campo - Junho 2020 — Nº 1

COVID-19

Projetos Solidários se destacam durante pandemia

Arquivo Pessoal

Drive Thru Solidário arrecada roupas e alimentos no ABC Paulista. Pág. 2

Arquivo Facebook

Bingo virtual estimula doações durante a quarentena. Pág. 3

Arquivo Facebook

Iniciativa prepara dezenas de marmitas para ajudar famílias necessitadas. Pág. 4

Jornal produzido por alunos de Jornalismo da Universidade Metodista de São Paulo na disciplina de Jornalismo Comunitário.

Fanzine – É uma revista de conteúdo alternativo, tendo as mesmas premissas do jornal comunitário em sua concepção, produção e distribuição. Une as linguagens de quadrinhos, charges, ilustrações e outros elementos visuais. No passado, os fanzines eram impressos em mimeógrafo, mas hoje a maneira mais comum de reproduzi-los é com máquinas copiadoras a partir de um original, normalmente no tamanho A4.

JORNALISMO COMUNITÁRIO NA UNIVERSIDADE

Os jornais impressos são bastante utilizados no ensino da disciplina de Jornalismo Comunitário, ou Jornalismo Alternativo, ministrada em cursos de Comunicação em diversas universidades brasileiras, seja na graduação ou em projetos de extensão da pós-graduação. Uma das experiências de sucesso com comunicação comunitária tem sido realizada no curso de Jornalismo da Universidade Metodista de São Paulo, em São Bernardo do Campo, no ABC Paulista.

Professores de graduação nas disciplinas que abarcam texto, diagramação, fotografia, áudio e vídeo desenvolvem durante um semestre a criação de produtos midiáticos comunitários. Os estudantes, divididos em grupos, produzem um jornal comunitário impresso, além de conteúdo de áudio e vídeo, para entidades da região: creches, centros comunitários, associações beneficentes, ONGs, igrejas ou outra causa da escolha dos alunos. Uma vez definida a entidade, os estudantes entram em contato com as lideranças comunitárias e gestores, explicam o projeto; então, a parceria de voluntariado é firmada e inicia-se o trabalho.

Todos os integrantes do grupo frequentam a comunidade escolhida pelo menos uma vez por semana durante o semestre letivo. Mergulham na realidade local e, sempre em conjunto com os integrantes da comunidade, iniciam as produções de foto, texto, áudio e vídeo. Quando o jornal sai da gráfica e os trabalhos de áudio e vídeo são concluídos, há uma banca de apresentação para os professores e dirigentes das entidades. Essa é sempre uma prática muito rica e positiva, que proporciona a troca de experiências e aprendizados entre alunos, professores e membros das entidades estudadas. Alguns universitários seguem como voluntários, dando continuidade ao projeto de comunicação comunitária mesmo após o término do trabalho acadêmico.

Arquivo pessoal

ALVORADA

DESPERTANDO AO SEU

GRANDE ABC — JUNHO DE 2019 — ANO 1 - Nº 01

É Menina!

SOLIDARIEDADE

Distribuição de marmitas, atende maior comunidade de SBC Pág. 2

Pág. 3

CORONAVIRUS

Durante a pandemia doação de sangue diminui

Pág. 4

Mayara Zanzini

QUARENTENA

Como a precariedade menstrual pode afetar as mulheres

Pág. 3

Estudantes de Jornalismo da Universidade Metodista de São Paulo integram o cotidiano de uma comunidade para produzir produtos midiáticos comunitários.

COMUNICAÇÃO POR ÁUDIO

A comunicação comunitária feita por meio das ondas sonoras é uma das mais democráticas, pois atinge igualmente toda uma população, em especial em localidades onde o analfabetismo, ou o analfabetismo funcional, ainda são comuns, e o impresso e a internet não alcançam as pessoas com a mesma eficácia. Une características como simplicidade, regionalismo e proximidade. Todas as suas modalidades (rádio-poste, rádios comunitárias, webrádios) têm propostas de programação que contemplam informações jornalísticas, artísticas, culturais e de prestação de serviços. Incentivam a participação direta e ativa de seus ouvintes em processos de criação, planejamento e gestão de conteúdo.

No caso das rádios comunitárias, há uma série de entraves que podem complicar sua realização. As legalmente constituídas são geridas por organizações comunitárias e transmitem em frequência modulada (FM) de baixa potência. Essas rádios são regidas pela Lei n. 9.612/1998, que garante seu funcionamento somente em nome de associações comunitárias ou fundações e sem fins lucrativos – pode-se apenas receber apoio cultural como maneira de financiar as atividades.

Da mesma forma, a lei regula o uso de equipamentos e da potência de transmissão, limitando a área de alcance da emissora. No Brasil, as emissoras de rádios e TV são concessões públicas, assim como ocorre com as empresas de energia elétrica, por exemplo. Dessa forma, o governo "empresta" às emissoras o espaço de transmissão, que é um bem público, para ser explorado por elas, desde que sigam uma série de leis. De acordo com a Constituição, cabe ao governo permitir, cancelar ou renovar as concessões de funcionamento de rádios e TVs. Jornais, revistas e sites noticiosos, por sua vez, não são entram nessa regra. Segundo a Associação Brasileira de Rádios Comunitárias (Abraço Brasil), existem cerca de 5 mil rádios comunitárias com concessão que funcionam em baixa potência, com um alcance limitado. Elas prestam serviços na área atendida, ajudam a dar voz à população, a valorizar a cultura regional e a democratizar a comunicação.

Além das questões legais, montar uma rádio exige conhecimentos técnicos e equipamentos caros, na maioria das vezes inacessíveis em comunidades carentes até de elementos básicos para a sobrevivência, como água e alimentos. Existem, ainda, as "rádios livres comunitárias", iguais às descritas anteriormente, mas que não possuem autorização para funcionar, também conhecidas como rádios pirata ou clandestinas. Os dois tipos são espaços onde o rádio é participativo, com microfones abertos, há reunião de locutores voluntários, gestão participativa e o estímulo a uma convergência midiática colaborativa, baseada nas necessidades e propósitos de cada comunidade.

Para entender mais sobre esses trâmites em rádios comunitárias, vale a pena assistir ao filme *Uma onda no ar* (2002), de Helvécio Ratton. É a história real de três amigos, moradores na comunidade do Aglomerado da Serra, em Belo Horizonte, que lutam para manter em funcionamento a Rádio Favela (https://www.radiofavelafm.com.br/). A emissora começou clandestina nos anos 1980, funcionando com equipamentos improvisados, um transmissor a bateria e um toca-discos a pilha, pois ainda não havia energia elétrica no local. Depois de muita resiliência por parte de seus idealizadores, a emissora foi legalizada, passou a se chamar Rádio Autêntica Favela (FM 106,7) e ganhou vários prêmios.

É importante saber que a Associação Brasileira de Rádios Comunitárias adota algumas diretrizes na definição e concepção de uma rádio comunitária física ou na web. A Associação não tem poder de decisão, ela apenas sugere e filia iniciativas com as premissas definidas por ela, que abarcam bem os preceitos de rádio comunitária:

- **Ter caráter público** – Deve ser uma entidade associativa, sem fins lucrativos, permitindo apenas o apoio cultural;
- **Ser autofinanciada** – A manutenção de funcionamento é feita por meio de contribuições mensais de seus afiliados. É permitido ter publicidade de anunciantes da comunidade;
- **Incentivar o debate político** – Participação aberta e plural, ficando vetada a propaganda partidária, de políticos ou de quem tenha intenções políticas na comunidade;
- **Ser laica** – Uma rádio comunitária não pode ter religião, nem fazer propaganda religiosa de nenhuma fé;
- **Ter compromisso com os direitos humanos** – Jamais deve veicular conteúdo discriminatório, racista, sexista ou homofóbico;
- **Promover a cultura local** – Divulgar e incentivar os artistas, músicos e escritores da comunidade.

Para trabalhar com a linguagem radiofônica comunitária, mesmo que apenas na produção de podcasts avulsos, é preciso ter alguns materiais básicos: uma câmera digital para tirar fotos da atividade ou processo (um aparelho celular também serve); equipamento de gravação de áudio com microfone e fones de ouvido para monitorar o que está sendo gravado; softwares livres de edição digital de áudio, como o Audacity (https://www.audacityteam.org/download/), e de criação de música ou podcasts, como o Garageband (https://www.apple.com/br/ios/garageband/). E fique atento em relação aos direitos autorais de artistas tocados na programação musical! Vários projetos de lei tramitam na justiça para isentar as rádios comunitárias de pagamento de direitos autorais junto ao Escritório Central de Arrecadação e Distribuição (Ecad), mas por enquanto a regra de pagamento segue valendo.

Como fazer rádio comunitária

Rádio-poste – Legalmente, este tipo de emissão não é considerado como uma rádio, pois não utiliza ondas eletromagnéticas. As informações são transmitidas através de caixas de som fixadas em postes espalhados pelo bairro e a mensagem é recebida quando as pessoas transitam por esses locais. Embora seja de pequeno alcance, esse tipo de comunicação é considerado comunitário pelo papel que exerce na área rural, nos centros comerciais das pequenas e médias cidades e até nos bairros periféricos de grandes metrópoles. O serviço geralmente é oferecido durante todo o dia, ou em horários predeterminados.

Rádio comunitária – É um dos veículos que mais possibilita um espaço para a comunidade participar, divulgando suas demandas. Todo cidadão da comunidade tem o direito de emitir opiniões sobre quaisquer assuntos abordados na programação da emissora, bem como manifestar ideias, propostas, sugestões, reclamações ou reivindicações. Mas não basta apenas ter vontade de montar uma rádio comunitária, é preciso angariar fundos e conseguir os equipamentos, bem como ter disponíveis mão de obra e o conhecimento técnico para utilizar os materiais necessários.

Webrádio – As rádios na web existem apenas no ciberespaço e divulgam suas mensagens exclusivamente pela internet. A participação da comunidade tende a ser menos coletivizada do que nas rádios comunitárias físicas, entretanto elas são mais econômicas e menos complicadas de se organizar. Para criar uma webrádio é preciso um provedor de *streaming* de áudio, um computador conectado à internet, fones de ouvido, microfone e os locutores/participantes.

O site Libera Tu Radio – Rede de Rádios Comunitárias e Software Livre (https://liberaturadio.org/), em espanhol, reúne rádios comunitárias e centros de produção radiofônica em vários países da América Latina. A iniciativa tem profissionais do Uruguai, Bolívia, Equador e México, que publicam tudo o que fazem com licenças livres (Creative Commons) e disponibilizam tutoriais sobre como produzir um áudio com software livre; como estabelecer uma comunicação digital segura; como montar uma rádio on-line; automatização de emissoras e tecnologia radial.

COMUNICAÇÃO POR VÍDEO

Em um universo macro, a televisão comunitária é viabilizada por meio de um canal de TV local, constituído por entidades do terceiro setor. A sua existência é garantida pela Lei n. 8.977, de 1995, conhecida como "Lei do Cabo", tornando obrigatória a presença de canais da TV aberta nos pacotes por assinatura, além de cotas para produções nacionais. No Brasil, a lei estabelece a criação de canais de uso gratuito, como o comunitário, o educativo-cultural, o judiciário, o universitário e os legislativos (Senado, Câmara Federal, Assembleias Legislativas, Câmaras de Vereadores). Os canais de TV comunitária determinam sistemas coletivos de gestão e partilham as grades de programação que possuem as premissas da comunicação comunitária. Mesmo antes de ter uma legislação consolidada no país, a experiência brasileira pioneira foi a da TV Viva (Olinda/Recife-PE), nos anos 1980, passando pela TV Mocoronga (Santarém-PA) e pela Bem TV (Niterói-RJ), nos anos 1990, que ainda segue no ar (https://bemtv.org.br/).

A diferença entre os canais comunitários em relação à televisão comercial é o seu sistema de organização e de operação. Eles são geridos por associações de usuários formadas por entidades sem fins lucrativos que partilham a grade de programação com produções próprias. Outro tipo de TV denominada comunitária é aquela de alcance local e transmitida em UHF (Ultra-high Frequency), vinculada a fundações e universidades. Elas retransmitem parte da produção das redes educativas e também produzem programas locais. Por sua vez, os projetos denominados TV de rua ou TV livre se caracterizam pelo desenvolvimento de vídeos com a participação da população, sendo exibidos tanto em espaços abertos e de modo itinerante, como em ambientes fechados com acesso coletivo dentro de uma associação ou centro comunitário.

As iniciativas de televisão comunitária representam espaços de expressão democrática das comunidades. Porém, se fazer rádio já é algo complicado e caro, imagine isso na TV, com mais entraves legais e a necessidade de equipamentos de filmagem e edição. Por isso, o uso da internet para produzir e divulgar comunicação comunitária em vídeo é o caminho mais prático para iniciar projetos comunitários nesse tipo de linguagem e também divulgar o trabalho da comunidade por meio de vídeos institucionais. Dessa forma, a participação de todos será mais efetiva e factível. Normalmente, a captação de imagens é realizada pelas pessoas do local, feita pelo celular, e compartilhada em canais de vídeos, sites e redes sociais, usando softwares gratuitos de edição de vídeo, como EaseUS Video Editor, Windows Movie Maker, Shotcut, entre outros.

Como fazer televisão comunitária

TV de rua – A TV de rua é a projeção de vídeos em um telão, ou aparelho de televisão, para um grupo de pessoas da comunidade. A ideia é veicular vídeos produzidos e estrelados pelos próprios membros da comunidade, com temas de seu interesse. Essa exibição pode ser feita em qualquer lugar, seja na sede de uma entidade, em uma praça ou na garagem de algum morador local. Para sua execução é preciso equipamentos para exibição, uma câmera filmadora ou um aparelho celular que segure bem filmagens, além de softwares gratuitos de edição de vídeo. Algumas experiências de TV de rua também fazem exibições ao vivo.

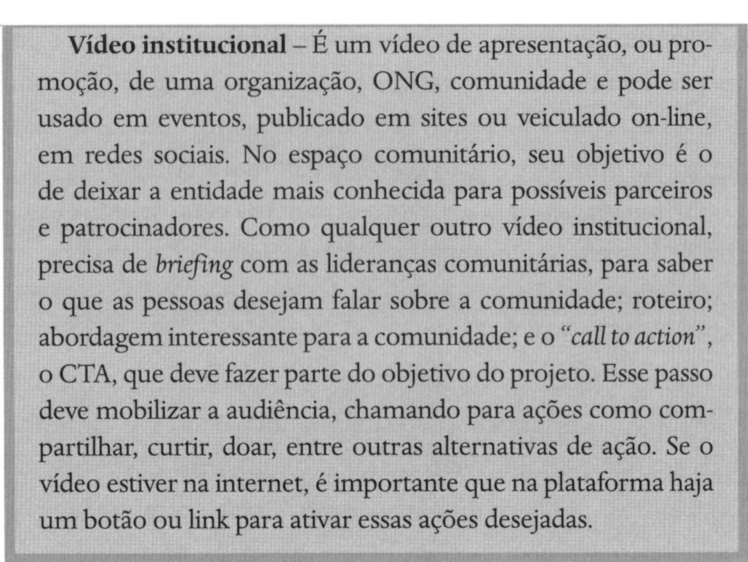

Vídeo institucional – É um vídeo de apresentação, ou promoção, de uma organização, ONG, comunidade e pode ser usado em eventos, publicado em sites ou veiculado on-line, em redes sociais. No espaço comunitário, seu objetivo é o de deixar a entidade mais conhecida para possíveis parceiros e patrocinadores. Como qualquer outro vídeo institucional, precisa de *briefing* com as lideranças comunitárias, para saber o que as pessoas desejam falar sobre a comunidade; roteiro; abordagem interessante para a comunidade; e o *"call to action"*, o CTA, que deve fazer parte do objetivo do projeto. Esse passo deve mobilizar a audiência, chamando para ações como compartilhar, curtir, doar, entre outras alternativas de ação. Se o vídeo estiver na internet, é importante que na plataforma haja um botão ou link para ativar essas ações desejadas.

COMUNICAÇÃO DIGITAL

A comunicação comunitária, assim como qualquer outra, sempre precisou de meios para chegar até seu público. O rádio e as publicações impressas foram, durante muito tempo, os meios mais utilizados para se fazer esse tipo de comunicação. Nas últimas duas décadas, a internet mudou tudo, trazendo novas possibilidades de alcance de público e ampliando a visibilidade das causas comunitárias. Porém, ao mesmo tempo em que se amplificaram as vozes, também aumentou a cacofonia na recepção das informações. O sociólogo francês Dominique Wolton afirma que a visibilidade do mundo não basta para torná-lo mais compreensível e que, mesmo onipresente, a informação não pode explicar um mundo percebido como mais complexo, mais perigoso, menos controlável e em que as diferenças culturais, políticas e religiosas se exacerbam.

Traduzindo: vocês que lutem, porque nada ficou mais fácil, apenas diferente – e talvez um pouco mais democrático – na era digital. Temos à disposição uma enorme quantidade de dados e informações vindas de todas as partes do mundo, que apesar de não serem obrigatoriamente vistas, ficam disponíveis ao acesso de quem tem interesse por elas e pesquisa na internet. Há uma redistribuição do poder de comunicar, antes centralizado nas mãos dos grandes conglomerados de mídia, o que atribui voz aos cidadãos-internautas. É possível que cada pessoa com acesso à rede torne-se um narrador e comunicador do seu meio, atingindo com suas mensagens aqueles que o cercam, organizando e informando sua comunidade, promovendo o debate e a reflexão sobre questões locais capazes de contribuir para o desenvolvimento social daquele ambiente.

Isso amplia enormemente o leque de possibilidades que surgem para a comunicação comunitária. Se no passado praticar esse tipo de comunicação significava utilizar meios impressos ou radiotransmissores, que exigem conhecimento técnico e equipamentos caros, agora é possível pensar na construção de sites com hospedagem gratuita e *templates* intuitivos que até as crianças conseguem dominar. A internet também permite a criação de páginas nas redes sociais, canais de vídeo no YouTube e grupos em aplicativos de mensagem instantânea. Claro, é preciso ter acesso à internet, um computador, ou pelo menos um smartphone para produzir e acessar as informações, mas esses custos ainda são relativamente mais baixos do que as produções feitas para outros meios de comunicação.

É essencial mencionar que as novas tecnologias não desqualificam as anteriores, mas somam forças e melhoram os processos. O rádio, a TV ou o impresso comunitário também podem ter um site, páginas nas redes sociais, um grupo de mensagens instantâneas, trazendo a comunicação comunitária para uma realidade transmidiática, em comunidades virtuais, com um alcance mais amplo.

Seja como for, ao optar pela comunicação comunitária digital, é importante definir na comunidade quem será o administrador das páginas e grupos criados, quem fará o trabalho de engajamento de mais pessoas, quem irá alimentar a plataforma com conteúdo inédito periodicamente, e quem será o responsável por mediar os posts e comentários. Tendo isso estabelecido, basta escolher conjuntamente com as lideranças comunitárias qual produção será feita, de acordo com as necessidades, demandas e possibilidades.

Como fazer comunicação digital

Sites – Eles são criados e gerenciados em plataformas de hospedagem gratuita, com um visual bonito e profissional. Há dezenas de opções de plataformas sem custos, como a Wix (wix.com), Wordpress (wordpress.com), Webnode (webnode.com/pt), Google Sites (sites.google.com). Essas ferramentas têm interfaces intuitivas e qualquer tipo de usuário – mesmo aquele com pouca experiência no mundo digital – consegue criar uma página e colocá-la no ar em pouco tempo. Todas essas plataformas permitem criar sites personalizados, com uma enorme variedade de *templates*, imagens, vídeos e arte vetorial disponíveis para os usuários. Basta escolher o melhor *layout* para o seu objetivo e carregar o conteúdo desejado.

Grupo no Facebook – Os grupos foram feitos para unir perfis, promover conversas e discussões entre pessoas com um interesse em comum. Eles podem ser públicos ou fechados (privados) e as ferramentas da plataforma permitem a adição de um grande número de integrantes. Além de ser um meio rápido de comunicação, é um bom espaço para que todos os membros da comunidade fiquem por dentro dos assuntos, uma vez que o grupo recebe notificações das postagens feitas pelos participantes. As pessoas podem deixar opiniões e questionamentos, postar fotos e vídeos das ações realizadas, organizar eventos e compartilhar conteúdos relevantes.

Página da comunidade no Facebook, Twitter e Instagram – Uma página é criada a partir de um perfil e pode ter diferentes administradores e editores. Suas informações e postagens de texto, áudio, imagens ou vídeo são públicas e o objetivo é divulgar as ações que a comunidade desenvolve. As páginas existem para facilitar o contato do público com a comunidade e são mais abrangentes do que os perfis pessoais, pois internautas de qualquer lugar podem segui-las, ampliando a visibilidade do trabalho ali realizado. Quem curte uma página recebe as atualizações no feed assim que um conteúdo novo é postado.

Grupo em aplicativos de mensagem instantânea – WhatsApp, Telegram, WeChat e outros são ferramentas gratuitas, rápidas e fáceis de usar. Todos esses aplicativos permitem a troca de textos, fotos, vídeos e áudios. Podem ser utilizados como meios de comunicação bastante eficientes entre a comunidade, possibilitam a criação de grupos sobre diversos assuntos e facilitam o diálogo entre os participantes.

Canal no YouTube ou no TikTok – As plataformas de compartilhamento de vídeos são ferramentas gratuitas que podem divulgar vídeos de ações específicas ou subir conteúdos periódicos produzidos pela comunidade. Os canais permitem ter uma relação direta com as pessoas que assistem aos vídeos, com interação por meio do chat.

Projetos inspiradores

Em todas as regiões do Brasil existem inúmeros projetos de sucesso e excelentes veículos de comunicação comunitária. São iniciativas que promovem a cidadania, a democracia e o direito à comunicação em múltiplos tipos de linguagem. Neste capítulo, descrevemos cinco exemplos inspiradores que se destacaram por duração e continuidade, ações de sucesso, conquista de prêmios, financiamento sustentável e grande número de acessos/tiragem/adesão.

Em cada um deles, à sua própria maneira, o jornalismo se faz presente como ferramenta para que as pessoas possam construir o próprio futuro, valorizar suas comunidades, desmontar estereótipos pejorativos e conquistar espaço, justiça e mudanças. Todos os exemplos mostram que os cidadãos, em suas respectivas comunidades, passam a ocupar um papel primordial tanto na definição das pautas quanto na construção da notícia, incentivando e melhorando o debate cívico e contribuindo para a formação de um espaço público mais fortalecido e participativo.

Essas iniciativas provam que é possível manter-se dentro das práticas de produção jornalística e ainda assim resgatar os ideais da produção independente de notícias, focando na promoção da cidadania e na defesa das causas da população. Dessa maneira, as comunidades contam as próprias histórias a partir de outras perspectivas, que não aquela da grande imprensa, fazendo com que os locais onde atuam sejam vistos de maneira diferente por seus moradores e por toda a sociedade.

IMPRENSA JOVEM (SÃO PAULO)

Arquivo pessoal

Projeto contribui com o trabalho dos professores e na formação dos estudantes das escolas públicas municipais de São Paulo; alunos produzem textos, rádio, vídeos, blog.

A ideia de desenvolver projetos de cunho educomunicativo foi inicialmente implementada na rede municipal de ensino da cidade de São Paulo em 2001, por meio do projeto Educom.rádio, feito em parceria com o Núcleo de Comunicação e Educação da USP. Em 2004, o Educom.rádio tornou-se lei municipal, passando a se chamar Programa Nas Ondas do Rádio. O projeto Imprensa Jovem (https://imprensajovem10.wordpress.com/), criado em 2005, faz parte do Programa Nas Ondas do Rádio (https://educacao.sme.prefeitura.sp.gov.br/educomunicacao/imprensajovem/), desenvolvido em algumas escolas municipais de São Paulo, em que se propõe a utilização de linguagens midiáticas e tecnológicas no processo de ensino-aprendizagem.

Desde o princípio, o projeto é encabeçado pelo professor e educomunicador Carlos Lima, sendo desenvolvido pelo Núcleo de Educomunicação da Secretaria Municipal de São Paulo. Atualmente, há cerca de 350 escolas e 100 agências de notícias em funcionamento nos colégios de ensino infantil e fundamental da capital paulista. O Imprensa Jovem contribui com o trabalho dos professores e com a formação dos estudantes das escolas públicas municipais por meio de atividades curriculares e fora da grade curricular sobre o uso das mídias no processo de aprendizagem, além de promover o direito à comunicação livre, democrática e responsável no ambiente escolar.

Os estudantes de todas as séries – do ensino infantil ao médio – produzem diversos produtos jornalísticos: rádio, blogs, documentários, reportagens impressas para jornais, jornais murais, além de HQs e postagens nas redes sociais do Imprensa Jovem. Toda essa produção amplia os canais de comunicação da escola com a sua comunidade e, no processo, alunos e alunas repórteres criam pautas de interesse, realizam pesquisa e editam os conteúdos. Os estudantes desenvolvem, de maneira autônoma e colaborativa, suas habilidades críticas e criativas.

O papel dos professores é a mediação pedagógica do planejamento, a realização e a avaliação das produções jornalísticas, que incluem criação de pautas, pesquisa e edição de conteúdo. Os jovens desenvolvem todo o trabalho de maneira autônoma e colaborativa e têm poder de decisão sobre o produto final. Ao participar do projeto de produção, as crianças e adolescentes também conseguem desenvolver uma leitura crítica da mídia, tornando-se cidadãos mais analíticos em relação ao seu entorno.

Na sala de aula, as atividades que podem ser desenvolvidas com os estudantes vão desde a criação de uma rádioweb, um jornal interativo, até podcasts com entrevistas. Com o uso de ferramentas digitais gratuitas, os estudantes podem recorrer a editores de áudio, como o Audacity; de vídeo, como VSDC ou OpenShot; programas de diagramação de jornal ou revista, como Scribus ou Publisher; produção de história em quadrinhos com o software de edição Hagaquê; e o Muan, um software para animações quadro a quadro (*stop motion*) para a criação de vídeos de animação.

O celular é a ferramenta utilizada em grande parte das atividades para fazer pesquisas e produzir conteúdos – os trabalhos incluem até mostras virtuais de fotografias feitas pelos participantes do projeto. Os jovens têm ainda a oportunidade de realizar a cobertura jornalística de grandes eventos culturais, como a Campus Party e a Bienal do Livro.

O Imprensa Jovem ganhou visibilidade no país e abriu um intercâmbio com outras cidades brasileiras, como Lauro de Freitas (BA), Jaciara (MT), Florianópolis (SC), Curitiba e Paranaguá (PR). E, ao longo dos anos, vem conquistando vários prêmios. Em 2019, o projeto foi um dos 11 escolhidos no país como representantes do Desafio Aprendizagem Criativa (DAC), uma iniciativa organizada pela Rede Brasileira de Aprendizagem Criativa, com o apoio da Fundação Lemann, uma organização que colabora com iniciativas para a educação pública em todo o Brasil e apoia pessoas comprometidas em resolver desafios sociais do país; e do MIT Media Lab, do Instituto de Tecnologia de Massachusetts, nos Estados Unidos. O objetivo do DAC é identificar, conectar e apoiar artistas, pesquisadores, educadores, desenvolvedores de tecnologia, empreendedores e tomadores de decisão no avanço de práticas de aprendizagem criativa em escolas públicas e em ambientes de aprendizagem não formais do Brasil.

Em 2020, Carlos Lima, por meio do trabalho realizado no projeto Imprensa Jovem – Agência de Notícias na Escola, foi um dos vencedores do Prêmio Unesco MIL Alliance, da Organização das Nações Unidas para Educação, Ciência e Cultura. A premiação reconhece líderes e projetos que promovem o acesso às competências em mídia e informação. O programa brasileiro ficou entre os seis melhores do mundo, dividindo o terceiro lugar com um projeto do Paquistão.

RÁDIO HELIÓPOLIS (SÃO PAULO)

A maior favela de São Paulo, a Heliópolis, fica na zona sul da capital paulista e faz parte da subprefeitura do Ipiranga, distrito do Sacomã. Nessa comunidade vivem cerca de 200 mil habitantes, concentrados em 1 milhão de metros quadrados. Sua história começa em 1942, com a aquisição da área que pertencia ao conde Sílvio Álvares Penteado pelo Instituto de Aposentadoria e Pensões dos Industriários (IAPI). Em 1966, a terra passou para o Instituto de Administração Financeira da Previdência e Assistência Social (IAPAS), que construiu o Hospital Heliópolis. Na época, uma parte do terreno original foi desapropriada pelo Estado para uso da Sabesp e a outra, negociada com a Petrobras.

A partir dos anos 1970, começa a formação da favela como a conhecemos, inicialmente com 153 famílias retiradas pela prefeitura de áreas ocupadas no bairro de Vila Prudente e na rua Vergueiro, e acomodadas em alojamentos "provisórios" no terreno do IAPAS. Logo ficou evidente que o provisório seria permanente e mais famílias começaram a chegar para construir ali seus barracos: migrantes do Nordeste e trabalhadores da obra do Hospital Heliópolis. E o resto é história.

De acordo com a União de Núcleos, Associações dos Moradores de Heliópolis e Região (Unas) (unas.org.br), uma entidade sem fins lucrativos criada em 1978 pela comissão de moradores da favela, a realidade do território mudou muito ao longo dos anos. Os moradores passaram por ameaças de grileiros, inserção do tráfico de drogas na comunidade após os anos 1990 e luta por direitos. Aos poucos, os barracos foram dando espaço às construções de alvenaria e aos pequenos negócios. Segundo a Associação dos Comerciantes de Heliópolis (Ache), a favela tem um comércio pulsante, com cerca de 3 mil estabelecimentos, entre padarias, bares, mercadinhos, açougues, cabeleireiros, farmácias, armarinhos e oficinas mecânicas. Entretanto, a vulnerabilidade social ainda atinge muitas famílias, a maioria composta de mães solo e únicas provedoras do lar.

Nesse cenário, nasceu a Rádio Heliópolis, em uma iniciativa criada e dirigida pela Unas em 1992 (https://heliopolisfm.com.br/). Tudo começou quando os moradores trabalhavam em um programa de mutirão para construir moradias na favela. Eles precisavam se organizar para agilizar a comunicação entre os trabalhadores, mas comunicar-se em um mundo sem celular, nem WhatsApp, era bastante complicado. Por fim, a Pastoral das Favelas viabilizou a compra de um transmissor e demais equipamentos, e assim surgiu uma rádio corneta, com alto-falantes pendurados em dois postes em pontos distintos da comunidade.

A emissora chegou a ter 13 "cornetas" distribuídas pela favela, principalmente nas áreas próximas ao equipamento central. Mas o som emitido pelos alto-falantes chegava a apenas 25% dos moradores, com uma programação que misturava informações com entretenimento. Os estilos musicais mais populares eram o forró, demanda da população de origem nordestina, e o rap, que atraía principalmente os jovens. O rapper Rappin Hood, nascido e criado na região, usava as experiências de rádios-postes das periferias da capital paulista para divulgar sua música e esteve várias vezes na rádio desde sua fundação.

Em 1997, o antigo meio de comunicação foi aposentado, sendo então criada a Rádio Comunitária Heliópolis na Frequência Modulada 102,3 MHz. Devido à interferência do sistema nas emissoras comerciais, e por força da Lei n. 9.612, a frequência da rádio mudou diversas vezes, chegando até a ficar fora do ar por longos períodos. Até que, em 2009, por determinação da Anatel e do Ministério das

Comunicações, a Rádio Heliópolis passou a transmitir sua programação na 87,5 MHz.

Na rádio, todo o trabalho é desenvolvido por locutores, técnicos, coordenadores e voluntários – moradores da comunidade e externos. A programação continua com o foco na promoção da cidadania e do entretenimento eclético, veiculando de tudo um pouco para oferecer informações de relevância à comunidade. Há entrevistas com profissionais de diversas áreas, notícias do dia, denúncias, divulgação de projetos sociais, anúncios de empregos e cursos, bate-papo sobre conscientização cidadã. Na programação musical, o rap segue protagonista, juntamente com o sertanejo.

A trajetória da rádio é marcada por lutas e desafios, como o decreto de fechamento da emissora pela Anatel, em 2004. Esse obstáculo foi superado em 2008, com a publicação da autorização oficial e definitiva para o funcionamento da Rádio Heliópolis. O trabalho e a resistência renderam frutos e a rádio Helipa, como é chamada pela comunidade, conquistou vários prêmios, tornando-se uma referência entre as rádios comunitárias em todo o país.

Em 2003, recebeu o prêmio Ação Social pela Promoção da Cidadania, em reconhecimento ao trabalho realizado no direito à comunicação. A premiação foi dada pela Associação Paulista dos Críticos de Arte de São Paulo (APCA), notória pela premiação de artistas das artes visuais, cinema, teatro, teatro infantil, dança, literatura, música popular, rádio e televisão. E, em 2010 e 2011, a Helipa ganhou o Prêmio Asas, da Secretaria de Cidadania Cultural do Ministério da Cultura, pelo trabalho cidadão desempenhado pela rádio comunitária.

MURAL AGÊNCIA DE JORNALISMO DAS PERIFERIAS (SÃO PAULO)

A comunicação periférica, ou jornalismo das periferias, é a comunicação desenvolvida por pessoas das áreas periféricas das grandes cidades sobre assuntos que afetam suas comunidades, dando destaque aos direitos dos moradores dessas regiões. Com esse propósito nasceu, em 2010, o Blog Mural, primeira plataforma de notícias das periferias de São Paulo, a partir de um trabalho coletivo de 20 pessoas, sob o comando de Vagner de Alencar, jornalista, cofundador da Agência Mural (https://www.agenciamural.org.br/) e autor do livro *Cidade do Paraíso: há vida na maior favela de São Paulo* (2013), sobre a vida na comunidade de Paraisópolis. O livro lhe rendeu o Prêmio Jovem Jornalista Fernando Pacheco Jordão, do Instituto Vladimir Herzog.

O objetivo inicial do blog era o de minimizar as lacunas de informação dessas localidades e contribuir para a desconstrução de estereótipos sobre as periferias, em especial na região metropolitana da cidade de São Paulo. E também levar para os moradores de bairros mais nobres uma versão diferente da periferia, com notícias além das tragédias, de atos violentos, das mazelas da pobreza – que existem, mas a vida lá, como em qualquer lugar, não é só feita de dificuldades. Desde sua criação, o blog foi hospedado no jornal *Folha de S.Paulo*, fornecendo conteúdo exclusivo e informativo sobre áreas que costumam ficar invisíveis à redação do jornal e aos seus leitores. Com o compromisso de publicar uma reportagem por dia, o blog ultrapassou a marca das mil histórias.

Após o sucesso do blog, formou-se a Agência Mural, uma organização sem fins lucrativos. Seu site foi ao ar em 2015, ampliando o espaço para mais reportagens, a quantidade de bairros cobertos e o número de colaboradores, mas mantendo os objetivos de origem: sempre ouvir os moradores como fontes prioritárias das matérias, incluir pautas de diversidade e não realizar produções sobre violência na periferia, assunto já amplamente abordado na mídia convencional. A proposta da Agência é atribuir um novo olhar para a pauta, que considera as periferias dentro de suas diversidades, sem estereótipos, nem discriminação.

O ponto de virada e consolidação do projeto veio em 2018, com um aporte financeiro da Open Society Foundations, uma rede internacional de filantropia fundada pelo milionário americano George Soros. A fundação apoia financeiramente grupos da sociedade civil que promovam a justiça, a educação, a saúde pública e a mídia independente. Com esse aporte, a Mural conseguiu formalizar sua estrutura e contratar funcionários com dedicação integral ao trabalho na agência.

Quem escreve para o blog e para o site são os mais de 100 "muralistas", como são conhecidos os correspondentes locais, um time formado por jornalistas, comunicadores, blogueiros, designers, fotógrafos e produtores culturais. Todos são moradores das áreas periféricas cobertas pela agência, as chamadas "quebradas". São 43 bairros da capital paulista e 26 cidades da Grande São Paulo – localidades que emendam fronteiras com a metrópole, incluindo extremos como Diadema, Poá, São Miguel Paulista e Franco da Rocha, onde apenas os bairros periféricos desses municípios são contemplados na cobertura. Os muralistas usam as ferramentas do jornalismo digital para contar as histórias ignoradas pela mídia tradicional, sendo que parte do trabalho ainda é voluntária. Se o correspondente sai da periferia, pode continuar a colaborar, desde que siga engajado na tarefa contar as histórias de seu local de origem.

Além do portal e do blog, a Agência produz conteúdo para o site 32XSP, um canal que publica reportagens diárias sobre as 32 subprefeituras de São Paulo, cobrindo as questões relacionadas às desigualdades no acesso à infraestrutura e serviços públicos, em parceria com a Rede Nossa São Paulo e com apoio da Fundação Ford. E também fornece conteúdo customizado para empresas e veículos de comunicação que buscam o olhar da periferia em suas abordagens.

Várias produções da Agência ganharam destaque, como o livro-reportagem em quadrinhos *Minas da várzea*, publicado em um sistema de financiamento coletivo e lançado na Comic Con Experience de 2018. A HQ conta as histórias de times de várzea femininos do extremo sul da cidade de São Paulo, que jogam no entorno da aldeia indígena do povo guarani mbya e de Vargem Grande. Além das dificuldades corriqueiras na prática do esporte amador, as jogadoras ainda enfrentam o preconceito e o machismo em campo e fora dele. O livro foi produzido pela equipe de jornalistas e desenhistas formada pelos correspondentes Priscila Pacheco, Alexandre de Maio, Magno Borges, Anderson Meneses, André Santos, Julia Reis e Luana Nunes.

As premiações e conquistas também chegaram para a Agência Mural. Em 2018, ganhou o Prêmio Cidadão São Paulo, entregue a quem faz diferença com seu trabalho na cidade. Em 2019, passou a ser membro do The Trust Project, um consórcio internacional com cerca de 240 organizações jornalísticas que trabalham para afirmar e ampliar o compromisso do jornalismo com a transparência, a precisão das informações e a inclusão. No mesmo ano, foi homenageada na Cooperifa, um sarau cultural das periferias. E, em 2021, lançou o podcast *Próxima Parada*, de conteúdo original e diário distribuído exclusivamente pelo Spotify; e venceu o Prêmio Sebrae de Jornalismo na categoria Áudio, com a reportagem "De lixão a parque: a arquiteta que mudou a paisagem da favela".

VOZ DAS COMUNIDADES (RIO DE JANEIRO)

Um dos maiores conjuntos de favelas da zona norte do Rio de Janeiro, o Complexo do Alemão começou a ser povoado nos anos 1950, depois que um imigrante polonês, Leonard Kaczmarkiewicz, conhecido como Alemão, dividiu seu enorme terreno em lotes, dando início à ocupação da Serra da Misericórdia. Na década de 1960, a área recebeu grande fluxo de migrantes nordestinos e, 20 anos depois, na primeira metade dos anos 1980, a área do Alemão teve uma explosão demográfica, na mesma época em que o crime organizado ganhou força nas 13 favelas que formam o Complexo – um território de 186 hectares, com cerca de 85 mil moradores.

Foi nesse cenário que, em 2005, o então estudante do ensino fundamental Rene Silva dos Santos criou o jornal impresso *Voz das Comunidades* (https://www.vozdascomunidades.com.br/). Morador do Morro do Adeus, uma das favelas do Alemão, Rene tinha apenas 11 anos e estava na 5ª série quando teve a ideia de criar um jornal para a comunidade depois de participar de um periódico bimestral em sua escola, desenvolvido por alunos do grêmio estudantil.

Juntamente com o irmão e outros jovens do bairro, Rene percebeu que os jornais convencionais e as reportagens na televisão falavam das favelas sempre de maneira negativa, com foco na violência, nas guerras do tráfico de drogas e nas operações policiais. Os outros problemas enfrentados pelos moradores da periferia, como falta de saneamento básico, iluminação, água e oportunidades de trabalho, eram ignorados no noticiário. Com o objetivo de chamar a atenção para essas dificuldades e também para os pontos positivos do Alemão, Rene e sua pequena equipe de adolescentes começou a produzir o jornalzinho *A Voz da Comunidade*.

Eles buscaram apoio dos comerciantes locais para que realizassem anúncios, além de parcerias com empresas ao redor do Alemão. A publicação era feita em folhas A4 e as primeiras tiragens não chegavam a 100 exemplares, distribuídas gratuitamente no bairro. Até que, em 2009, Rene criou no Twitter uma conta pessoal e outra para o jornal, e esse espaço acabou se tornando um veículo para expor o cotidiano dos moradores e os assuntos de interesse para a favela. Com a maior visibilidade gerada pela rede social, o projeto foi crescendo e em 2010 eram distribuídas gratuitamente 5 mil cópias coloridas da publicação.

Naquele ano, houve um ponto de virada para o Morro do Alemão e para o *Voz das Comunidades*. Em 28 de novembro de 2010, logo pela manhã, uma ação conjunta das polícias Militar, Civil, Federal e homens das Forças Armadas realizou uma operação com cerca de 3.500 homens, blindados e helicópteros para ocupar o Complexo do Alemão e da Penha e instalar Unidades de Polícia Pacificadora (UPP).

Na época da ocupação, intensamente noticiada pela imprensa nacional e internacional, o jovem jornalista se tornou referência ao noticiar em tempo real, por meio do Twitter, o que acontecia dentro da favela. Seu número de seguidores cresceu de centenas para milhares em poucos dias, incluindo personalidades como o apresentador Luciano Huck e o jornalista William Bonner. O *Voz das Comunidades* acabou se transformando na principal fonte de referência para a grande imprensa sobre a tomada do Alemão. Sites, jornais e noticiários da TV chegaram a corrigir algumas informações sobre o que acontecia no Complexo com base nos tweets com a visão de quem estava acompanhando tudo de dentro.

Nos meses e anos seguintes, o trabalho do *Voz das Comunidades* amadureceu e se transformou em uma instituição não governamental sem fins lucrativos, com viés jornalístico e de responsabilidade social, feita por moradores de favelas. Em 2011, foi lançado o portal de notícias *Voz das Comunidades*, com o objetivo de ampliar a experiência de comunicação para outras comunidades do Rio de Janeiro. Na época, um grupo de colaboradores voluntários, todos moradores de favelas, foi selecionado por meio de um concurso de redação on-line para atuar na cobertura das pautas e fotos.

O *Voz* utiliza com grande habilidade as linguagens digitais, como portal de notícias, redes sociais, canal no YouTube e aplicativo próprio para atingir um número cada vez maior de pessoas, mostrando toda a riqueza cultural e os talentos que existem no Alemão, além de denunciar a violência e os problemas enfrentados pelos moradores. Hoje, a equipe formada por cerca de 70 profissionais remunerados, sendo composta de jornalistas e publicitários formados e colaboradores de outras áreas, mas que também atuam em funções jornalísticas e de marketing – ter diploma não é um pré-requisito.

O trabalho desse time é dividido em núcleos distintos: jornalismo, colunistas, logística, marketing, voluntários e coordenadores. O jornal impresso continua a ser publicado e, graças aos correspondentes, as pautas e a circulação se ampliaram para o Complexo do Alemão, Penha e Vidigal, tendo Rene Silva como editor-chefe.

O projeto vem ganhando cada vez mais importância e reconhecimento nacional e internacional. Dentre os diversos prêmios recebidos pelo *Voz*, destacam-se o Shorty Awards 2011, considerado o Oscar do Twitter, na categoria Inovação, pela cobertura de Rene durante a ocupação policial no Complexo do Alemão em 2010. No mesmo ano, ele também recebeu o Prêmio Jovem Brasileiro, premiação criada para homenagear jovens em destaque no cenário das artes, música, televisão, cinema, esportes, meio ambiente e internet; e o Troféu Anu Preto, realizado pela Central Única das Favelas (Cufa), que escolhe os programas sociais de maior destaque do país.

Durante as Olimpíadas de 2012, em Londres, o *Voz das Comunidades* embarcou para a Inglaterra, e Rene Silva foi um dos quatro brasileiros escolhidos para carregar a tocha olímpica na capital inglesa – o ato se repetiu nas Olimpíadas de 2016, no Rio de Janeiro. Em 2014, o jovem foi um dos palestrantes no Simpósio Internacional sobre Conexão Digital, da prestigiosa Universidade Harvard, levando para os Estados Unidos a realidade da favela e o potencial positivo de seus moradores. Em 2018, o fundador do *Voz das Comunidades* recebeu em Nova York, aos 24 anos, o prêmio mundial concedido pela organização Mipad (Most Influential People of African Descent), sendo considerado uma das 100 pessoas negras mais influentes do mundo.

No auge da pandemia de covid-19, em maio de 2020, o *Voz das Comunidades* lançou um aplicativo para a verificação de notícias, tendo em vista o alto índice de *fake news* sobre o novo coronavírus e a falta de informações confiáveis às quais os moradores das favelas tinham acesso. O app também disponibiliza todo o conteúdo do portal, incluindo notícias sobre prevenção da doença, pesquisas, redes de apoio, artigos de especialistas e guias informativos. A iniciativa foi financiara pelo Consulado dos Estados Unidos no Rio de Janeiro.

PONTE JORNALISMO (SÃO PAULO)

A iniciativa da Ponte Jornalismo (https://ponte.org) nasceu em 2014, a partir de um coletivo de jornalistas da cidade de São Paulo. O nome do veículo, que é 100% digital, significa travessia em um mundo com muros e barreiras. Seus criadores foram 16 jornalistas que trabalhavam em veículos da grande imprensa paulistana, nos jornais *Folha de S.Paulo*, *O Estado de S. Paulo*, *Agora São Paulo*, e o portal de notícias UOL. Todos seguiam suas carreiras de maneira remunerada com carteira assinada, ou como *freelancers* pagos, e atuavam com trabalho voluntário na Ponte para escrever sobre assuntos relacionados à segurança pública, justiça e direitos humanos. Por meio do jornalismo, eles buscavam aumentar o alcance das vozes marginalizadas pelas opressões de classe, raça e gênero, permitindo a aproximação com as áreas de segurança pública e justiça, dando voz às periferias e contribuindo assim para uma imprensa mais democrática.

A organização sem fins lucrativos foi encubada pela Agência Pública (https://apublica.org), a primeira agência de jornalismo investigativo sem fins lucrativos do Brasil. A Pública, ao lado da Amazônia Real (https://amazoniareal.com.br), da Repórter Brasil (https://reporterbrasil.org.br), do norte-americano Marshall Project (https://www.themarshallproject.org) e do salvadorenho El Faro (https://www.elfaro.net), estiveram entre as inspirações para a criação da Ponte Jornalismo.

Enquanto fazia suas primeiras reuniões e ainda definia possíveis caminhos para o portal, o grupo de jornalistas recebeu a denúncia de que um jovem negro havia sido preso e condenado por um roubo que não cometera. Como o site ainda não estava pronto, os jornalistas decidiram publicar o resultado dessa apuração no site de *O Estado de S. Paulo*. A publicação, acompanhada de um vídeo que comprovava a inocência do rapaz, levou a Justiça a libertá-lo no mesmo dia. O grupo percebeu, assim, o potencial do projeto e as possibilidades de mudança presentes nele.

Para os fundadores do projeto, o jornalismo praticado pela Ponte não deveria ser visto como uma atividade comercial, nem como um fim em si mesmo, mas sim como um veículo para informar a sociedade sobre a violência de Estado, como violações cometidas sistematicamente pelas forças de segurança contra as populações negras e pobres; a luta contra o racismo em suas diferentes formas; as questões relacionadas às mulheres, à população LGBTQIAP+ e ao machismo; e a produção cultural e artística da periferia.

A Ponte busca manter uma estrutura profissional, remunerando todos os envolvidos – o portal se sustenta com parcerias e doações, que podem ser mensais, anuais ou avulsas. Oferece uma cobertura jornalística independente, de conteúdo apartidário, focado na produção de reportagens investigativas. Suas produções procuram ampliar as vozes de grupos e pessoas historicamente invisibilizadas e caladas no debate público, destacando essas vozes em cada reportagem, que são complementadas por análises de especialistas reconhecidos em suas áreas.

Com sede em São Paulo, a Ponte tem colaboradores voluntários em todo o país – jornalistas que cobrem pautas locais de vários estados brasileiros. Praticamente todos os profissionais são multitarefas: produzem, apuram e escrevem a notícia; coletam áudio, imagens e vídeo. Esse material é postado tanto no portal, quanto nas diferentes redes sociais da ONG.

O trabalho desenvolvido pela Ponte tornou-se referência em segurança pública e direitos humanos, como reconhece o Knight Center Jornalismo, da Universidade do Texas, nos Estados Unidos – a iniciativa lidera programas de extensão universitária e treinamento para jornalistas da América Latina e do Caribe. Em 2017, a Ponte venceu o Prêmio Vladimir Herzog na categoria Áudio com uma reportagem de Claudia Rocha sobre a morte do jovem Leandro de Souza Santos, pela Rota, na Favela do Moinho, em São Paulo. Em 2018, conseguiu um financiamento pela Fundação Open Society, do milionário George Soros, o que permitiu a contratação de jornalistas em período integral e com dedicação exclusiva ao portal.

Desde o final de 2017, faz parte da organização do Festival 3i, evento realizado pela Associação de Jornalismo Digital (Ajor) e que traz discussões fundamentais à profissão, como a precarização do trabalho, o financiamento de projetos, a proteção de jornalistas e novos modos de produção jornalística. Também em parceria com outros veículos, a Ponte é selecionada pelo Desafio de Inovação do Google News Initiative para desenvolver o Reload, um projeto que busca transformar o conteúdo noticioso em vídeos para jovens nas redes sociais.

Em 2019, voltou a vencer o Prêmio Vladimir Herzog, dessa vez na categoria Multimídia, com uma série de reportagens sobre os brasileiros sem-direitos, feita em parceria com o Projeto Colabora e a Amazônia Real, que também foi finalista do Prêmio Amaerj Patrícia Acioli de Direitos Humanos. Ainda em 2019, recebeu menção honrosa no Prêmio de Direito à Memória e à Verdade Alceri Maria Gomes da Silva, da Secretaria Municipal de Direitos Humanos da Prefeitura de São Paulo.

A Ponte segue fazendo parcerias com outros veículos de comunicação, que republicam suas reportagens, e também com instituições da sociedade civil e da academia. Em 2021, passou a integrar o The Trust Project, criado para atestar a qualidade e a credibilidade jornalística e que reúne mais de 240 veículos em todo o mundo. No Brasil, além da Ponte, fazem parte do The Trust Project a Agência Mural, os jornais *Folha de S.Paulo*, *GZH*, *Jornal do Commercio*, *Nexo Jornal*, *O Povo* e o jornal digital *Poder360*.

Bibliografia

AMARAL, Marcia Franz. *Jornalismo popular*. São Paulo: Contexto, 2006.

BARBERO, Jesús Martín; REY, Germán. *Los ejercicios del ver*: hegemonía audiovisual y ficción televisiva. Barcelona: Gedisa, 1999.

BAUMAN, Zygmunt. *Comunidade*: a busca por segurança no mundo atual. Rio de Janeiro: Zahar, 2003.

_________. *Tempos líquidos*. Rio de Janeiro: Zahar, 2007.

BETTO, Frei. *O que é comunidade eclesial de base*. São Paulo: Brasiliense, 2008.

BITAR, Marina P. B. *O Jornalismo sem fins lucrativos no contexto pós-industrial:* o caso Ponte Jornalismo. Dissertação (Mestrado) Palmas, 2018. Universidade Federal do Tocantins. Disponível em: http://repositorio.uft.edu.br/bitstream/11612/1150/1/Marina%20Parreira%20Barros%20Bitar%20-%20Disserta%c3%a7%c3%a3o.pdf. Acesso em: 20 abr. 2022.

BUBER, Martin. *Sobre comunidade*. São Paulo: Perspectiva, 1987.

BUITONI, Dulcília Schroeder. *Imprensa feminina*. São Paulo: Ática, 1986.

BREVE HISTÓRIA DA IMPRENSA SINDICAL NO BRASIL. Coleção Cadernos da Comunicação. Série Estudos. Secretaria Especial de Comunicação Social. Rio de Janeiro, 2005. Disponível em: http://www.rio.rj.gov.br/dlstatic/10112/4204433/4101406/estudos14.pdf. Acesso em: 20 abr. 2022.

CAPARELLI, Sérgio. *Identificação social e controle ideológico na imprensa dos imigrantes alemães. Comunicação & Sociedade*. São Bernardo do Campo: Cortez & Moraes/Metodista, ano I, n.1, pp. 89-108, 1979.

CARDOSO, Elizabeth. Imprensa feminista brasileira pós-1974. *Revista Estudos Feministas*, [s.l.], v. 12, pp. 37-55, dez. 2004.

CASTELLS, Manuel. *O poder da identidade*. São Paulo: Paz e Terra, 2000.

CEPAL. Panorama Social de América Latina 2021. Disponível em: https://repositorio.cepal.org/bitstream/handle/11362/47719/1/S2100654_en.pdf. Acesso em: 6 abr. 2022.

DIGITAL 2022 GLOBAL OVERVIEW REPORT. We Are Social; Hootsuite, 2022. Disponível em: https://wearesocial.com/uk/blog/2022/01/digital-2022-another-year-of-bumper-growth-2/. Acesso em: 20 abr. 2022.

ELHAJJI, Mohammed. Comunidades diaspóricas e cidadania global: o papel do intercultural. *Esferas – Revista Interprogramas de Pós-graduação em Comunicação do Centro Oeste*, v. 01, pp. 145-151, 2014.

ESCUDERO, Camila. *Imprensa de comunidades imigrantes de São Paulo e identidade*: estudo dos jornais ibéricos Mundo Lusíada e Alborada. São Paulo, 2007. Dissertação (Mestrado) – Universidade Metodista de São Paulo, 2007. Disponível em: http://tede.metodista.br/jspui/bitstream/tede/779/1/Camila%20Escudero%201-215.pdf. Acesso em: 29 mar. 2022.

________; REINA, Eduardo. A construção dos conceitos de comunidade, identidade e memória a partir da prática da comunicação comunitária. *Intexto*, Porto Alegre, n.52, e97056, jan./dez. 2021. Disponível em: https://seer.ufrgs.br/intexto/article/view/97056. Acesso em: 17 abr. 2022.

FBOMS. Meio ambiente e desenvolvimento. Uma visão das ONGs e dos Movimentos Sociais Brasileiros: Relatório do Fórum de ONGs Brasileiras preparatório para a Conferência da Sociedade Civil sobre Meio Ambiente e Desenvolvimento. *Fórum de ONGs Brasileiras*. Rio de Janeiro: O Fórum, 1992. Disponível em: http://fboms.org.br/atuacao/publicacoes/. Acesso em: 24 maio. 2022.

FERRARA, Miriam N. *A imprensa negra paulista (1915-1963)*. São Paulo, FFLCH/USP, 1986. Disponível em: https://www.revistas.usp.br/africa/article/view/90881. Acesso em: 20 abr. 2022.

FESTA, Regina. Movimentos sociais, comunicação popular e alternativa. In: FESTA, R.; SILVA, Carlos Eduardo Lins da (orgs.). *Comunicação popular e alternativa no Brasil*. São Paulo: Paulinas, 1986.

FREIRE, Paulo. *Extensão ou comunicação?* São Paulo: Paz e Terra, 2013.

GATTTAI, Zélia. *Anarquistas graças a Deus*. São Paulo: Companhia das Letras, 2009.

GOHN, Maria da Glória. *Movimentos sociais e redes de mobilizações civis no Brasil contemporâneo*. Petrópolis: Vozes, 2013.

GONZÁLEZ, Jorge. *Entre culturas e cibercultur@s*: incursões e outras rotas não lineares. São Bernardo do Campo: Universidade Metodista de São Paulo, 2012.

GUIMARAENS, Rafael. *Coojornal*: um jornal de jornalistas sobre regime militar. Porto Alegre: Libretos, 2011.

JACOBI, Pedro. Meio ambiente e redes sociais: dimensões intersetoriais e complexidade na articulação de práticas coletivas. *Revista de Administração Pública*, v. 34, n. 6, 2000. Disponível em: http://bibliotecadigital.fgv.br/ojs/index.php/rap/article/view/6353/4938. Acesso em: 12 maio. 2022.

JUNG, Milton. *Jornalismo de rádio*. São Paulo: Contexto, 2004.

KAPLÚN, Mário. *El comunicador popular*. Quito: CIESPAL, 1985.

KAPLÚN, Gabriel (org.). *Comunicación y movimientos populares: cuales redes?* São Leopoldo: Editora da Unisinos, 2002.

KAS, Yasmin Sayegh Al. *Imprensa feminista, jornal Mulherio (1981-1988) e a defesa do direito ao aborto no Brasil*. Universidade de Brasília: Brasília, 2016. Disponível em: https://bdm.unb.br/handle/10483/15337. Acesso em: 4 abr. 2022.

LAGO, Claudia; ALVES, Patrícia. Educom.rádio: uma política pública que pensa a mudança da prática pedagógica. In: III Seminário Latino-americano de Pesquisa em Comunicação – ALAIC. São Paulo, 2005. Disponível em: http://www.usp.br/nce/wcp/arq/textos/1.pdf. Acesso em: 20 abr. 2022.

LESSER, Jeffrey. *A negociação da identidade nacional*: imigrantes, minorias e a luta pela etnicidade no Brasil. São Paulo: Unesp, 2001.

LEVY, Pierre. *A inteligência coletiva*: por uma antropologia do ciberespaço. São Paulo: Loyola, 1998.

________; LEMOS, André. *O futuro da internet*: em direção a uma ciberdemocracia planetária. São Paulo: Paulus, 2010.

________. *O que é o virtual?* São Paulo: Editora 34, 2011.

LUCA, Tania Regina; MARTINS, Ana Luiza. *História da imprensa no Brasil*. São Paulo: Contexto, 2008.

MCCORMICK, John. *Rumo ao paraíso*: a história do movimento ambientalista. Rio de Janeiro: Relume-Dumará, 1992.

MARQUES, José Geraldo. *Imprensa e resistência negra: o projeto integracionista em discursos do Getulino*. Universidade Estadual de Campinas. Campinas: 2008. Disponível em: https://bdtd.ibict.br/vufind/Record/CAMP_c841ef7cb1d3181baa3fc5084af5fac3. Acesso em: 27 mar. 2022.

MARTÍN-BARBERO, Jesús. *Dos meios às mediações*: comunicação, cultura e hegemonia. Rio de Janeiro: Ed. UFRJ, 2003.

MATTELART, Armand. Mundialização, cultura e diversidade. *Revista Famecos*, Porto Alegre, n. 31, pp. 12-19, dez. 2006.

MELO, José Marques. A participação latino-americana das teses sobre a democratização da comunicação: revisitando MacBride e a NOMIC. *Eptic*, v. VII, nº 6, set.-dez. 2005.

PAIVA, Raquel. Para interpretar a comunicação comunitária. In: PAIVA, R. *O retorno da comunidade*: os novos caminhos do social. Rio de Janeiro: Mauad X, 2007.

_________. *O espírito comum:* comunidade, mídia e globalismo. Petrópolis: Vozes, 2003.

PERUZZO, Cicilia Maria Krohling. Mídia comunitária. *Comunicação & Sociedade*. São Bernardo do Campo: Umesp, n. 30, 1998.

_________. *Mídia local e suas interfaces com a mídia comunitária no Brasil.* In: *Anuário Internacional de Comunicação Lusófona*. São Paulo: LUSOCOM, 2006.

_________; OTRE, M. A. C. (orgs.). *Comunicação popular, comunitária e alternativa no Brasil*: sinais de resistência e de construção da cidadania. São Bernardo do Campo: Editora Metodista, 2015.

PINTO, Ana Flávia Magalhães. *Imprensa negra no Brasil do século XIX*. São Paulo: Selo Negro, 2010.

SAYAD, Abdelmalek. *A imigração*. São Paulo: Edusp, 1998.

SOARES, Ismar de Oliveira. *Educomunicação e suas áreas de intervenção*: novos paradigmas para o diálogo intercultural. ABPEducom: São Paulo, 2017. Disponível em: https://edisciplinas.usp.br/pluginfile.php/4615037/mod_resource/content/3/Livro%20Educom.pdf. Acesso em: 14 abr. 2022.

_________. Caminhos da Educomunicação na América Latina e nos Estados Unidos. In: SOARES, Ismar de Oliveira (org.). *Cadernos de educomunicação* 1: caminhos da educomunicação. São Paulo: Salesiana, 2003.

_________. *Ecossistemas comunicacionais. Educom.rádio* – Núcleo de Comunicação e Educação ECA/USP, 2005. Disponível em: http://www.educomradio.com.br/cafe/cafe.asp?editoria=TPROF&cod=447. Acesso em: 26 abr. 2022.

TÖNNIES, Ferdinand. Comunidade e sociedade como entidades típico-ideais. In: FERNANDES, Florestan (Org.). *Comunidade e sociedade*. São Paulo: Cia. Ed. Nacional, 1973.

WOLTON, Dominique. *É preciso salvar a comunicação*. São Paulo: Paulus, 2006.

_________. *Informar não é comunicar*. Porto Alegre: Sulina, 2011.

ZANDONADE, Vanessa. *Rádio Comunitária de Heliópolis*: reivindicações e luta por regularização e atuação oficial. São Paulo, 2013. Dissertação (Mestrado) – Faculdade de Ciências e Letras de Assis Universidade Estadual Paulista (Unesp). 2013. Disponível em: https://repositorio.unesp.br/bitstream/handle/11449/93357/000720585.pdf;jsessionid=B157EB9448DAEDE9A87893B25E38819E?sequence=1. Acesso em: 14 abr. 2022.

A autora

Alexandra Gonsalez é jornalista, com grande vivência em reportagens e edição de guias e revistas na Editora Abril, em títulos como *Guia Quatro Rodas*, *Viagem e Turismo*, *Superinteressante*, *Exame*, *Você S/A*, *AnaMaria* e *Recreio*; e na Editora Globo, em *Época* e *Época Negócios*. Autora de livros com temáticas sobre imigrantes, turismo e religião. É professora doutora e leciona Jornalismo desde 2011 na Universidade Metodista de São Paulo, onde atua em projetos acadêmicos voltados ao ensino da Comunicação Comunitária.

GRÁFICA PAYM
Tel. [11] 4392-3344
paym@graficapaym.com.br